AF566440

Alles **selbst** gemacht

Heidi Thaler

Alles **selbst** gemacht

Butter, Käse, Öl & mehr

Trotz gewissenhafter Bearbeitung kann eine Haftung für den Inhalt nicht übernommen werden. Für aktuelle Ergänzungen und Anregungen ist der Verlag jederzeit dankbar.
Wir bedanken uns bei allen, die uns unterstützt haben.

Impressum

© 2011, 2015, 2021 BuchVerlag für die Frau GmbH
Gerichtsweg 28, 04103 Leipzig
Tel.: 0341 / 493574-0, Fax: 0341 / 493574-40
www.buchverlag-fuer-die-frau.de

Alle Rechte vorbehalten.
Nachdruck, Vervielfältigung und Verbreitung – auch von Teilen – bedürfen der ausdrücklichen Genehmigung des Verlages. Das gilt insbesondere für Übersetzungen, Mikroverfilmungen und die Einspeicherung und Verbreitung in elektronischen Systemen.

Titelbild: Dmytro Tolokonov (Hintergrundbild, Fotolia.de)
Fotos: Seite 6 schwarz-weiß Familienbilder, 8, 11, 14, 15, 19, 21, 23, 25, 26 links, 27, 28, 29, 30, 31, 32, 33, 34, 35, 36, 37, 39, 40 rechts, 41, 42, 43, 44, 45, 46 links, 49. 50, 51 rechts, 53, 54, 59, 60, 61, 62, 64, 65, 67 rechts, 70, 71, 72, 73 rechts, 74, 75, 79, 80 rechts, 81, 86, 90 links, 96, 97, 98, 105, 110, 112, 118, 119, 121, 123, 124, 125: Heidi Thaler; Seite 6 (Farbe), 51 links, 67 links, 73 links, 76 links, 78, 79, 80 links, 87, 88, 89, 90 rechts, 93, 94 rechts, 107 links, 122: Uta Wolf; Seite 9, 10, 13, 16, 18, 20, 22, 24, 26 rechts, 40 links (Bildausschnitt Titel), 46 rechts, 47, 48, 56, 57, 68, 93, 94, 99, 102, 103, 104, 108, 111, 113, 116: Fotolia.de; Seite 107 rechts, 114, 115, 120: Gewürz Mayer GmbH

Satz, Layout und Covergestaltung: Uta Wolf, Quedlinburg
Druck und Binden: UAB BALTO print
Printed in Lithuania

4. Auflage 2023

ISBN 978-3-89798-312-0

INHALT

Uroma Johanna Opa Joseph Oma Fränze

VORWORT

Selbst gemacht – warum eigentlich? Es gibt doch alles zu kaufen. Diesen Satz hörte ich von meiner Tante hin und wieder, wenn unsere Oma Franziska im Garten schwer am Arbeiten war. Stimmt, sagte Oma dann, aber warum soll ich viel Geld bezahlen, wenn ich es doch selber kann und es dann so schmeckt, wie ich es haben will? Warum soll ich nicht Vorräte anlegen? Ich weiß, wie weh Hunger tut.

Der Vorratsgedanke war auch meinen Eltern nicht fremd und dass Selbsterzeugung auf einem kleinen Hof zwar mühselig, aber doch einträglich sein kann, ist kein Geheimnis. So wie Uroma es hielt, so war es bei Oma und auch bei uns daheim. Da wurde der Garten bestellt, der in meinen Kinderaugen riesenhafte Ausmaße hatte und in dem beständig Arbeit wartete. Es wurden auch Nutztiere wie Hühner, Enten, Kaninchen und Schweine gezogen, Jahr um Jahr. Immer im gleichen Takt, den die Abfolge der Jahreszeiten vorgab. Jedes Lebewesen wollte umsorgt und versorgt sein, man hatte seine festen Aufgaben und wurde eingebunden wie ein kleines Rädchen im großen Getriebe. Dabei lernte man geduldig zu sein, erwarb Wissen und Können und eignete sich Tricks und Kniffe an, zu Haus ebenso wie in Tante Waltrauds Küche oder in Oma Marthas von einer alten Mauer eingefasstem Hausgarten, den eine große Linde mit geborstenem Stamm überschattete.

Und erst Oma Fränzes Garten: Sie hatte gleich zwei und dazu noch einen grünen Daumen, es wuchs da alles im Überfluss. Die Ernte wurde unter ihrer Anleitung sorgsam verarbeitet. Sie kannte sich wie keine zweite bei den Pilzen aus, und auch Großtante Magdalena, deren Marmeladen und Gelees sehr begehrt waren, zollte ihr Respekt.
Meiner Mutter Steckenpferd waren die Kräuter und Heilpflanzen, sie hatte außerdem ein Händchen fürs Backen. So wurde von Haus aus eine große Menge praktisches Familienwissen vermittelt, ohne dass man Bücher oder einen Lehrplan brauchte.

Viel Selbstgemachtes kam auf unseren Tisch: Marmeladen, Most, Senf, Säfte, Obst und Gemüse in vielen Arten und Zubereitungsweisen. Kuchen und Brot, Käse und Butter, Teemischungen und Kräutersalze – alles wurde selbst gemacht, mal mehr, mal weniger. So ist es nicht verwunderlich, dass eine meiner ersten und liebsten sinnlichen Erinnerungen ein Stück saftiger Heidelbeerkuchen ist, genossen auf der Wiese unterm Kaiser-Wilhelm-Apfelbaum gleich neben der hofeigenen Quelle im Garten meines Vaters.

Einen Lehrer gab es dann doch etwas später: die Zeitzer Mohren-Apothekerin Elke Starke. Ihre Experimentierfreude und ihr ungeheurer Wissensschatz gaben mir viel und weckten neue Interessen.

Nun – Zeiten ändern sich, man ändert Lebensgewohnheiten, so auch ich. Nach einem sehr kurzen Ausflug in die Welt der bunten Einkaufstüten und Geschmacksverstärker besann ich mich auf meine Wurzeln, auf das alte Wissen meiner Vorfahren. Fortan war ich damit beschäftigt, noch mehr zu lernen, noch mehr zu probieren, Neues zu wagen und zu üben. Und immer von einem Gedanken getragen: Kann man es selber machen? Oh, man kann, und wie. Es schmeckt so viel besser und ist dem eigenen Empfinden so wunderbar angepasst, dass es keiner besser hinbekommen könnte als man selbst.
Etwas Mut gehört schon dazu, wenn man noch nie eine Sauce selbst gezogen, noch nie Sirup gekocht oder Käse hergestellt hat. Enttäuschungen gehören ebenso dazu wie Misserfolge – aus diesen lernt man. Und wenn schließlich alle Bemühungen von Erfolg gekrönt sind, hat man etwas wirklich Besonderes geschafft.

Dieses Wissen weiterzugeben an meine Kinder und an jene, die suchen, es bewahren und vermehren, darin sehe ich eine meiner Aufgaben. Durch eine sehr persönliche Erfahrung begann ich aufzuschreiben, was mir wertvoll und erhaltenswert erschien. Und wenn Sie in grauen Nebeltagen aus dem Fenster schauen und sich Sonne wünschen – dann ist es vielleicht Zeit für Ihr eigenes Experiment, im nächsten Frühjahr etwas Sonne einzufangen im selbst gemachten Löwenzahnhonig z. B., damit er Ihnen die Herbsttage versüßen kann.

In diesem Sinne gutes Gelingen!
Ihre Heidi Thaler

Alles Käse, Butter und Sahne?

Die Idee, mal Käse, Butter und Co. selbst zu machen, kam mir beim Frühstück. Ich genoss wie immer meinen Morgenkaffee mit Käsesemmel, da fiel mein Blick auf die Zutatenliste der Spanschachtel des Camemberts.

So schwer kann das doch nicht sein, oder?

Unsere Vorfahren stellten doch auch Käse her, schöpften Rahm zur Sahne ab und gewannen daraus schließlich auch die Butter, um damit die leicht verderbliche Milch zu konservieren. Wann Buttern das erste Mal gelang, ist nicht belegt. Aber schon die Griechen und Römer vor 6000 Jahren kannten Butter, wobei sie von ihnen eher medizinisch denn als Nahrungsmittel verwendet wurde. Und der Käse soll bereits im 10. bis 8. Jahrtausend v. Ch. seine Geburtsstunden haben. Ja, bin ich denn ungeschickter als unsere Urahnen? Oder einfach nur zu faul – weil kaufen viel einfacher ist?

Maria, die Milchbäuerin, wohnt nebenan, und allein schon der Gaudi mit den staunenden Kindern war mir das Experiment, Käse, Butter und Joghurt selbst herzustellen, wert. Außerdem ist es doch mit handgemachtem Käse wie mit allem, was aus der eigenen Küche kommt: Er lässt sich geschmacklich genau an das eigene Empfinden anpassen, man kann frei experimentieren und kombinieren, der eigenen Kreativität sind kaum Grenzen gesetzt, man weiß, was drin ist. Also ran an den Speck – äh Käse.

Ganz am Anfang steht die Milch: Aus ihr lässt sich so einiges fabrizieren. Aber halt, nicht so schnell! Etwas Theorie muss sein – klingt langweilig? Mitnichten. Nur wer weiß, wie es funktioniert, kann Fehlern vorbeugen und wird mit den besten Ergebnissen belohnt. Beginnen wir also klein und arbeiten uns hoch ans Große, bauen eins auf dem anderen auf. Zuerst etwas Basiswissen für den Selbstversuch.

Kleiner Exkurs: Die Milch

Jede Milch ist ein Naturprodukt. Sie enthält Nährstoffe in optimaler und ausgewogener Zusammensetzung und mehr Kalzium, den Baustein für Zähne und Knochen, als jedes andere Nahrungsmittel.

Kuhmilch,

das weiß jeder, bildet sich im Euter der Kuh nach der Geburt eines Kalbs. Diese für den eigenen Nachwuchs bestimmte Milch wussten die Menschen schon früh zu nutzen.
Für die eigene Verarbeitung empfehlen sich folgende Milchsorten.

Rohmilch

Diese Milch ist völlig unbehandelt: Gemolken, gefiltert und gekühlt kann man sie direkt vom Erzeuger als „Milch ab Hof" kaufen. (Der Filter darf die Milch nicht mikrobiologisch beeinflussen.) Der Fettgehalt wurde nicht verändert und liegt bei rund 3,8 bis 4,2 Prozent. Da sich unter Umständen Krankheitserreger in der Milch befinden können, ist es Vorschrift, den Hinweis an der Ausgabestelle „Rohmilch, vor dem Verzehr abkochen" anzubringen.

Vorzugsmilch ist Rohmilch, bei der Erzeuger und Milch amtlich überwacht werden: Erst nach Erteilung der behördlichen Genehmigung darf sie in den Verkauf gelangen. Die Milch muss binnen zwei Stunden nach der Gewinnung auf weniger als + 4 °C herunter gekühlt und diese Temperatur bis zur Abfüllung gehalten werden. Roh- und Vorzugsmilch sind nicht hitzebehandelt und daher nur kurze Zeit haltbar. Auch in Vorzugsmilch können Krankheitserreger enthalten sein, deshalb gibt es eine Verzehrempfehlung: Keine Rohmilch für Kinder, Schwangere und immungeschwächte Personen.

Vollmilch ist standardisierte wärmebehandelte Milch mit einem Fettgehalt von exakt 3,5 %.

Natürliche Vollmilch hat einen Fettgehalt von 3,5 bis 4,5 %, sie ist ebenfalls wärmebehandelt.

Fettarme Milch, standardisiert und wärmebehandelt, hat einen Fettgehalt von 1,5 bis 1,8 %. Die alternative Anreicherung mit Milcheiweiß ist kennzeichnungspflichtig.

Entrahmte Milch ist eine weitere wärmebehandelte Standardmilchsorte bei einem genau eingestellten Fettgehalt von 0,3 %. Auch hier ist eine Zugabe von Milcheiweiß möglich, die ebenfalls der Kennzeichnungspflicht unterliegt.

- *Sahne:* Industriell gewonnener Rahm wird, um den gewünschten Fettgehalt einzustellen, mit Magermilch vermischt. Der Mindestfettgehalt muss bei 10 % liegen, der von schlagfähiger Sahne muss mindestens 30 % betragen. Sahne ist immer wärmebehandelt, und wird nach der Erwärmung durch Schockkühlung sehr schnell auf unter 6 °C abgekühlt, dadurch bilden sich keine zu großen Fettkügelchen. Nach dem Fettgehalt lassen sich folgende Sahnesorten unterscheiden:

- *Kaffeesahne*; Fettgehalt mindestens 10 % Fett. Sie wird homogenisiert, dadurch macht sie den Kaffee weißer als unbehandelte Sahne.

- *Schlagsahne:* Die bestmögliche Schlagfähigkeit erreicht man durch einen Mindestfettgehalt von 30 %. Meist wird sie nach dem Verpacken schockgekühlt. Sogar die Volumenzunahme beim Schlagen ist vorgeschrieben: Mindestens 80 % ist der Richtwert,

optimal sind Werte zwischen 130 und 150 %. Selbstverständlich muss die geschlagene Sahne stich- und schnittfest sein, außerdem darf sie in den nächsten 2 Stunden keine Flüssigkeit abgeben.

- *Sprühsahne* ist sterilisiert und gezuckert. Abgefüllt wird mit Distickstoffoxid, damit ist sie länger haltbar und besser portionierbar.
- *Crème Double* hat einen besonders hohen Fettanteil von mindestens 40 %.
- *Crème fraîche* ist ein mild gesäuerter Rahm mit einem Fettgehalt von mindestens 30 %. Er verbleibt nach der Zugabe der Milchsäurebakterien 18 bis 40 Stunden in einem großen Tank bei 20 bis 40 °C. Dies verleiht ihm seinen spezifischen Geschmack. Andere Namen sind Küchenrahm oder Küchensahne. Er hat hervorragende Eigenschaften: er ist kochfest, gerinnt und flockt nicht (was die saure Sahne gern tut).
- *Saure Sahne/Sauerrahm/Schmand* ist eine mit Milchsäurebakterien gesäuerte, löffelfeste, frische Sahne. Sorten mit mindestens 10 bis maximal 30 % Fettgehalt sind im Handel erhältlich. (Das Ausflocken des Eiweißes beim Abschmecken von heißen Saucen verlangsamt sich, wenn man die saure Sahne mit etwas Speisestärke oder Mehl anrührt.) Schmand ist eine mit Milch-säurebakterien gesäuerte, löffelfeste, frische Sahne mit mindestens 20 bis max. 29 % Fettgehalt.

Methoden der Haltbarmachung und andere Zusatzbehandlungen sind

Homogenisieren: Hier wird mit Hilfe der Zentrifugalkraft das Fett gleichmäßig in der Milch verteilt. Der Vorgang hat keinen Einfluss auf Haltbarkeit oder Nährwert.

Pasteurisieren oder *Kurzzeiterhitzung* auf 71 bis 74 °C für 15 bis 30 Sekunden. Pasteurisierte Milch ist im Kühlschrank etwa 5 bis 7 Tage haltbar. Durch diesen Vorgang verliert sie einen Teil des Nährwertes und ist nun gekühlt bis zu einer Woche haltbar. (Immer auch homogenisiert)

Dauererhitzung auf 62 bis 65 °C für 30 Minuten

Hocherhitzung auf 85 bis 95 °C für vier Sekunden

Ultrahocherhitzen: Die Milch wird für zwei bis acht Sekunden auf 135 bis 140 °C erhitzt. Dadurch werden alle Mikroorganismen abgetötet. Sie heißt auch H-Milch. Anschließend muss sie unter sterilen Bedingungen abgefüllt werden, damit nicht wieder Mikroorganismen in die Milch gelangen können. Die Haltbarkeit der Milch beträgt ohne Kühlung und ungeöffnet etwa vier Wochen bei Zimmertemperatur. Die sehr kurze Erhitzung schont die Inhaltsstoffe der Milch, somit gehen fast keine Vitamine verloren. Ultrahocherhitzte Milch ist stets homogenisiert.

Sterilisieren: Man erhitzt für 30 Minuten auf 110 bis 120 °C. Die Haltbarkeit bei Zimmertemperatur beträgt mindestens sechs Monate.

Kondensieren: Bei diesem Verfahren wird der Milch durch die Zugabe von Zucker das Wasser entzogen. Die Milch wird also eingedickt zur Kondensmilch und hat nun einen hohen Anteil an Milchtrockenmasse.

1867 stellte Henri Nestle zum ersten Mal Milchpulver her. Das gelingt, wenn der Milch durch den o. g. Vorgang sämtliches Wasser entzogen wird und sie praktisch fast wasserfrei ist.

Milchtrockenmasse

Milch besteht zu ungefähr 87,5 % aus Wasser. Die Nährstoffe sind sowohl in der Flüssigkeit gelöst, als auch in feinen Fetttröpfchen schwebend verteilt. Entfernt man nun das Wasser (fast) vollständig, erhält man die Milchtrockenmasse.

Bestandteile der Milch

- Milchzucker (4,8 %)
- Milchfett (3,5-3,8 %)
- Milcheiweiß (3,2-3,5 %)
- Vitamine (Carotin, Vitamin A, B1, B2, C, D und E)
- Mineralstoffe (Calzium, Kalium und Phosphor)
- Spurenelemente
- Enzyme

Im Handel angebotene Milch ist kennzeichnungspflichtig. Anhand der Verpackung müssen Inhaltsstoffe, Haltbarkeit, enthaltene Sorte und Menge erkennbar sein.

Pflichtangaben auf den Verpackungen

- Mindesthaltbarkeitsdatum MHD (z. B.: 19. 11. 2010)
- Inhaltsmenge (z. B.: 500 ml)
- Inhaltsstoffe (z. B.: Fettgehalt: 1,5 %)
- Milchsorte & Molkerei
- Methode der Haltbarmachung

Leider wird Milch sehr schnell sauer. Um sie frisch und frei von unerwünschten Bakterien zu halten, entwickelte man verschiedene Verfahren der Konservierung. Bei bestimmten Methoden kann die Milch monatelang ohne Kühlung aufbewahrt werden. Das verwendete Verfahren muss auf der Verpackung verzeichnet sein. Im Handel sind hauptsächlich behandelte Milchsorten erhältlich, die Ausnahme bilden nur Roh- und Vorzugsmilch. Doch zu Gunsten der Haltbarkeit gehen wertvolle Inhaltsstoffe bei der Konservierung verloren und je nach Methode verändert sich auch der Geschmack der Milch.

Vielleicht möchte sich der eine oder andere auch an anderen Milchsorten versuchen: Zwei weitere für die Ernährung in Deutschland relevante sind Ziegenmilch und Schafsmilch.

Ziegenmilch

- Im Unterschied zur Kuhmilch gerinnt sie um 50 % schneller, das Ablaufen der Molke dauert aber doppelt so lange.
- Ziegenmilch hat dreimal mehr Vitamin A, fünfmal mehr Vitamin D und 25 % mehr Vitamin C als Kuhmilch.
- Sie ist ideal für Kuhmilchallergiker. Der Bruch ist weicher, daher werden mehr Weichkäse produziert.
- Die Käse reifen langsamer.
- Die Eiweißbeschaffenheit lässt den Käse auf der Zunge zarter schmelzen.

Schafsmilch

- Die Schafsmilch hat im Vergleich zur Ziegenmilch mehr Fett und Eiweiß, außerdem enthält sie mehr Mineralstoffe und Vitamine.
- Schafsmilch schmeckt aufgrund der vielen verschiedenen Aromastoffe besonders würzig.
- Der Anteil an Trockenmasse ist bei Schafsmilch sehr hoch, er liegt bei ca. 19 %, Kuh- bzw. Ziegenmilch haben ca. 13 %.
- Die Proteinbestandteile ähneln denen der Muttermilch, Schafsmilch ist deshalb leicht verdaulich.

Was ist Biomilch?

Zuallererst steht die Kuh, die noch nie im Stall angebunden wurde und noch ihre Hörner (betonen die Bauern) trägt, auf einer schönen Wiese im saftigen grünen Gras mit Kräutern. Weil das Futter gesund, das Wasser rein und die Luft klar ist und die Weiden naturnah und extensiv bewirtschaftet werden, schmeckt man das natürlich auch. Auf künstliche Düngung wird bewusst verzichtet, ebenso auf die Fütterung mit Silage, denn die kann zu Fehlgärungen bei der Käseherstellung führen und den Geschmack verderben. Damit die Kühe auch im Winter, den sie im warmen Stall auf weichem Stroh verbringen, diese qualitativ hochwertige Milch produzieren können, erhalten sie bestes Heu – auch wieder von den Wiesen. Alles geschieht ganz auf natürliche Weise, wie vor vielen Jahren, nur ein wenig mehr Technik erleichtert den Bauern die Arbeit. Alles geht seinen Gang, natürlich, in Ruhe, ohne Hast, und ehrlich, liebe Leser: Man schmeckt es und ich finde, man hat ein besseres Gefühl dem Tier und sich selbst gegenüber.

Grundsätze artgerechter Tierhaltung

Das natürliche Fressverhalten der Tiere fördert ihre Gesundheit, daher müssen sie unbedingt Weidegang haben. Es werden keine Antibiotika eingesetzt.
Futtermittel stammen aus ökologischer Erzeugung, meist überwiegend aus hofeigener Erzeugung.

Im Sommer fressen die Kühe überwiegend Grünfutter, im Winter muss ein Mindestanteil Heu verfüttert werden. Tierkörpermehle und Masthilfsmittel sind als Futtermittelzusatz untersagt. Gentechnisch veränderte Futtermittel sind ebenfalls nicht zugelassen. Weideflächen und Milchvieh werden nicht mit chemisch-synthetischen Dünge- und Schutzmitteln malträtiert.

Grundsätze für die Verarbeitung von Bio-Milch

Die Bio-Milch wird in der Molkerei getrennt von konventioneller Milch gelagert.
Auch die Produktion der Bio-Milch-Erzeugnisse muss getrennt erfolgen.
Die Verarbeitung der Milch soll so schonend wie möglich sein, um die natürliche Qualität und den Geschmack zu erhalten.
Der Einsatz von erlaubten Zusatz- und Hilfsstoffen ist eingeschränkt.
Milcherzeuger und Verarbeiter werden von anerkannten Kontrollstellen auf die Einhaltung der Öko-Vorschriften geprüft.

Ein Wort zum Preis

Eine „konventionell" mit Kraftfutter gefütterte Kuh gibt bis zu 14.000 Liter Milch jährlich. Eine nicht auf Hochleistung getrimmte „Öko-Kuh" schafft dagegen nur etwa die Hälfte.
Es entstehen höhere Produktions- und Kontrollkosten, auch das Futter ist hochwertiger, deshalb teurer. Darüber hinaus fallen höhere Milcherfassungskosten an, weil die Höfe oft weit voneinander entfernt sind.
Hand aufs Herz: Wie viel darf ein so hochwertiges, vielseitiges Erzeugnis kosten? Diese Frage muss jeder selbst für sich entscheiden.

Nun genug der Milch-Theorie ...

Selbstgemachtes aus Milch in der Hausküche

Für Versuche in der heimischen Küche empfehlen sich:

- saure und süße Sahne
- Butter
- Käse
- Joghurt

Sahne, Rahm & Butter

Welche Milch eignet sich für welches Produkt?
Ich habe mich angesichts der genannten Tatsachen und auch der Gegebenheiten vor Ort für „Milch ab Hof" entschieden. Schließlich war das Anliegen ja auch, Omas Rezepturen neu zu probieren. Ich möchte – hin und wieder, wenn es die Zeit zulässt – selbst Joghurt, Quark, Käse, Molke und natürlich Butter herstellen. Wichtig bei der „Milch ab Hof" ist, dass die Herde tuberkulosefrei und brucellosefrei ist.* Außerdem ist es wichtig, dass in den Tagen vor dem Melken keine Antibiotika ins Euter appliziert wurden.
Man hole also die Milch vom Bauern seines Vertrauens – oder aus der Kühltheke, und da bitte sehr gute Frischmilch (pasteurisiert/kurzzeiterhitzt – siehe Seite 11).

Ich nehme – ermutigt durch Marias Beispiel (unsere Allgäuer Bäuerin trinkt ihre Kuhmilch auch ohne großes Erhitzen) – frische Milch von ihr. Sie lässt sie gut gekühlt aus dem Edelstahlbehälter in meine Kanne laufen und so habe ich taufrische Milch und einen liebevollen Plausch obendrein. Nicht jedermanns Sache, das wissen wir beide, aber um Omas Rezepturen zu testen, ist dieser Rohstoff genau richtig. Sorgfältige Sauberkeit und qualitativ gute Grundstoffe sind Voraussetzung fürs Gelingen aller selbstgemachten Produkte. Und gesunder Menschenverstand und ein guter Riecher im wahrsten Sinne des Wortes verhindern gröbere „Unfälle".

Sahne und Rahm

Die von Maria geholte Milch lasse ich in Ermangelung einer Heimzentrifuge in einer weiten, großen Schüssel im Kühlen bei 12 bis 14°C über Nacht stehen. Während der Standzeit steigen die winzigen Fettkügelchen in der Milch nach oben, denn Fett schwimmt ja bekanntlich und setzt sich als dicke weißliche Schicht – dem Rahm – oben ab. Da ich immer nur kleine Mengen herstelle, wenn ich mal Lust und Zeit habe und dies mit dem Käsemachen verbinde, nehme ich den Rahm einfach für Saucen etc. oder ich verkäse ihn direkt mit.
Natürlich kann man so gewonnene Sahne auch verfeinern. Probieren Sie mal die folgenden Rezepte.

Veilchensahne

2 EL verlesene Kelchblätter von Duftveilchen (fein gewiegt) mit 1 EL süßer Sahne 10 min bei Zimmertemperatur stehen lassen. Dann unter 250 ml steif geschlagene Sahne ziehen.

Rosenpelargonien-Sahne

4 Blütenblätter von Pelargonien mit 3 EL Zucker bei schwacher Hitze rühren, bis der Zucker die ätherischen Öle angenommen hat. Blütenblätter entfernen und abkühlen lassen. Dann mit 1 Becher Sahne steif schlagen. Holunderblüten und andere duftende essbare Blüten eignen sich auch. Je feiner die Blüten zerkleinert sind, umso interessanter sieht es aus.

Natürlich kann man Sahne auch mit Sirup aromatisieren, hier dann bitte weniger Zucker nehmen und nur einen Hauch Sirup.

*„Deutschland ist seit 1999 von der EU als brucellosefrei anerkannt worden (Rinderbrucellose). Dennoch ist ein vereinzeltes Auftreten dieser durch Bakterien verursachten Krankheit nicht ausgeschlossen. Bedeutung hat die Erkrankung durch die Übertragbarkeit auf den Menschen. Als menschliche Erkrankung heißt sie auch Malta-Fieber, Mittelmeer-Fieber, Gibraltar-Fieber oder Morbus Bang. Die Übertragung erfolgt durch direkten Kontakt mit Ausscheidungen infizierter Tiere oder durch Aufnahme von lebensfähigen Erregern über Lebensmittel." (Quelle: Zweckverband Veterinäramt Jade Weser)

Altes Butterfass

Saure Sahne

Von der geronnenen Milch (Sauermilch) wird wie bei der Gewinnung der süßen Sahne der Rahm abgeschöpft, das ist die saure Sahne. Natürlich darf man die Milch dann vor dem Gerinnen nicht schon entrahmen. Man muss den Rahm probieren. Oma steckte kurz einen sauberen Finger hinein und kostete. Je länger der Rahm steht, umso saurer wird er.

Cremiger Käse aus saurer Sahne

1 l saure Sahne und 1 EL Rauchsalz vermischen. Die Sahne in ein Leinentuch geben, an den vier Ecken zusammenfassen und an einem luftigen Ort aufhängen. (Die Flüssigkeit auffangen und ins Badewasser geben. Sie macht zarte, glatte Haut.) Solange hängen lassen, bis nichts mehr tropft. Käse formen und noch etwas trocknen lassen.

Butter

Butter ist eines der ältesten Lebensmittel. Buttern war vor der Erfindung der Zentrifuge ein mühsames, zeitaufwendiges Verfahren. Die fette Milch wurde in breite Schüsseln gegossen, damit sich der Rahm absetzen konnte.

Wenn man davon ausgeht, dass wir eine 35%ige Sahne verwenden, erhalten wir aus einem Liter Rahm/Sahne etwa 350 g Fett. In der Butter enthalten sind meist 10 bis 20 % Restmolke, das macht unterm Strich gut 400 g Butter. *Nochmals: Fürs Buttern nur Frischmilch, keine homogenisierte Milch verwenden!*

Rechenbeispiel: Wollte ich 500 g Butter aus Marias Milch herstellen, so würde ich ungefähr 12 bis 15 l Milch benötigen. Unsere Großmütter sammelten den Rahm über einige Tage, damit sich das Buttern auch lohnt. Der Rahm wurde gewissenhaft abgeschöpft – es gibt dazu spezielle Rahmschöpfer, wenn man das öfter tut, lohnt sich die Anschaffung vielleicht.

Man hatte nun zwei Möglichkeiten:
Man verarbeitete den süßen Rahm zu (süßer) Butter.
Oder man impfte den Rahm mit Buttermilch, dann erhielt man bei der Weiterverarbeitung nach einer weiteren Standzeit, bei der der Rahm sauer wird, Sauerrahmbutter. Die Hausfrau musste selbst entscheiden, wie sauer sie die Butter haben wollte.

Rahm zu Butter schlagen

Anfängern sei empfohlen:
Man nehme sehr gute Sahne aus der Kühltheke, dann benötigt man nicht Unmengen Milch, die man nach dem Rahmschöpfen verkäsen muss/kann.

Die weitere Vorgehensweise ist die Gleiche wie von alters her. Wer ein Butterfass hat, kann dieses natürlich unter Beachtung der Gebrauchsanweisung verwenden. Oder man nimmt ein Handrührgerät, eine Küchenmaschine oder schüttelt den Rahm in einem Schraubglas solange, bis sich der gewünschte Effekt einstellt. Wieder „modern" geworden sind auch Butterschleudern oder Buttergläser mit Handkurbel, um Butter und restliche Buttermilch zu trennen.

Die Schüssel meiner Küchenmaschine hat ein Fassungsvermögen von ca. 2,5 l und sollte nicht mehr als ¾ voll sein. Vor Beginn wasche ich die Schüssel und auch den Rührstab mit heißem Wasser ordentlich ab. Der eingefüllte Rahm wird nun auf niedriger Stufe geschlagen, bis sich die Buttertröpfchen zu dicken Klumpen verbinden und sich die Buttermilch von der Butter scheidet. Die Temperatur bei der Verarbeitung soll bei 18 bis 20 °C liegen, bei zu niedrigen Temperaturen wird die Butter krümelig, die Ausbeute geringer, bei zu hohen wird die Butter schmierig. Der ganze Vorgang dauert ca. 10 bis 20 min, man kann es schön beobachten (Bild 1-5): Zuerst sieht es aus wie herkömmliche Schlagsahne, dann wie zu lange geschlagene Sahne

Altes Buttermodel

und schließlich bemerkt man die gelblichweißen Butterklümpchen. Jetzt noch ein wenig weiter schlagen und dann die nun erbsen- bis haselnussgroßen Butterklumpen mit einem Sieb oder Schaumlöffel abschöpfen. In eine Schüssel mit kaltem Wasser geben und zu einem großen Klumpen kneten. Dabei das Wasser in der Schüssel mehrfach erneuern, bis es klar ist.

Man muss noch das überschüssige Wasser aus der Butter entfernen. Dass das wichtig ist, sah ich bei meinen ersten Butterversuchen. Es war noch zuviel Wasser in der Butter, das lief dann beim Anschneiden heraus und sah nicht appetitlich aus. Nun – Versuch mach klug; man nimmt den Butterklumpen und walkt ihn gehörig durch, man muss ihn immer wieder auseinanderdrücken und neu umschlagen, kneten, drücken, auseinanderwalken, so gründlich und schnell wie möglich. Am besten geht das mit zwei Teigschabern.
Hier wäre es an der Zeit, etwas Salz einzuarbeiten, sofern man gesalzene Butter möchte – für die Salzbutter z. B. wären das 2,5 % Meersalz in der fertigen Buttermasse. Das schmeckt vorzüglich.

Einen kleinen Trick zum Wasserherausziehen gibt es noch: Man soll die Butter in einer Schüssel mit Salzwasser über Nacht stehen lassen. Als zusätzliche Behandlung berechtigt, meine Erfahrung sagt trotzdem ganz eindeutig: ordentlich kneten!

Die fertige Butter hält sich im Kühlschrank einige Tage und kann auch eingefroren werden. Dann ist sie entsprechend länger haltbar. Ich habe beobachtet, dass meine Butter nach einem Tag außen schön gelb wurde (wobei das abhängig von der Jahreszeit und somit vom Futtermittel ist). Auch Löwenzahnblütenblättchen ergeben eine schöne gelbe Farbe.

Natürlich kann man nun die Butter nach Lust, Laune und Appetit weiter veredeln. Einige Rezepte möchte ich hier nennen. Viele davon gibt es schon seit Urgroßmutters Zeiten. Wie weich die Butter beim Veredeln sein soll, muss man selbst ausprobieren. Alle Buttermischungen benötigen eine Zeit der Ruhe, damit sich die Aromen entfalten können. Dazu stellen wir sie einfach einige Stunden in den Kühlschrank. Wenn man als Grundlage nicht gesalzene Butter verwendet, empfiehlt sich die Zugabe von etwas Salz, auch bei den süßen Buttermischungen, hier allerdings tut es eine kleine Prise.

Basilikumbutter mit Tomatenmark

Auf 250 g weiche Butter eine Tube dreifach konzentriertes Tomatenmark geben. Von einem Töpfchen Basilikum die Blättchen zupfen, waschen und fein wiegen. Eine klein gehackte Knoblauchzehe und eine Prise Salz zugeben, alles gut mit der Butter vermischen und ca. 3 Stunden ziehen lassen. (Alternativ tut es auch trockenes Basilikum. Oder nehmen Sie mal frisches rotes und grünes Basilikum zusammen.)

Café-de-Paris-Butter

75 g Schalotten in Scheiben schneiden und in 125 ml Rotwein aufkochen. Zur Hälfte reduzieren lassen und dann mit 1 bis 2 sehr fein geschnittenen Sardellenfilets verrühren. 2 Eigelb (vom Biobauern) mit 250 g Butter schaumig rühren. 1 bis 3 Knoblauchzehen klein hacken und unterheben. Außerdem 2 EL fein gewiegte Petersilie, je 1 TL Rosenpaprika und fein gewiegten Estragon, etwas fein gewiegten Rosmarin und Thymian sowie 2 bis 3 EL Weinbrand unterrühren. Mit Salz, Pfeffer und einem Schuss frisch gepresstem Zitronensaft abschmecken.

Dillbutter

150 g schaumig gerührte Butter mit 3 hart gekochten Eigelb und 2 EL fein gehacktem Dill vermischen. Abgeschmeckt wird mit Zitronensaft.

Haselnussbutter

75 g gemahlene Haselnüsse ohne Fett leicht anrösten, etwas abkühlen lassen und mit 125 g weicher Butter sowie 1 Prise Salz verrühren.

Heringsbutter

Einen Salzhering wässern, dann Gräten und Haut entfernen, fein hacken, mit 125 g weicher Butter durch ein Sieb drücken.

Butterstampfer

Kapuzinerkressebutter

Von 50 g frischen Blüten die Blütenblättchen zupfen, gut verlesen und fein gewiegt mit 100 g weicher Butter verrühren, mit 1 Schuss Zitronensaft und Salz abschmecken. Durchziehen lassen.

Italiabutter

150 g Butter, 3 EL gehackte schwarze Oliven und 1 TL Kräuter der Provence vermischen. Durchziehen lassen.

Ingwerbutter mit Schnittlauch

150 g weiche Butter mit 3 EL Schnittlauch, fein gewiegt, Ingwer (Pulver oder frisch gerieben) nach Geschmack vermischen. Mit Salz, Pfeffer und Zitronensaft abschmecken.

Knoblauchbutter

250 g Butter mit 4 zerdrückten Knoblauchzehen (mehr oder weniger nach Geschmack) und etwas Salz vermischen. Wenn man hat, kann man einen Teil der Schlotten ganz fein hacken und unterheben oder eine kleine feingewiegte Frühlingszwiebel hinzufügen.

Käsebutter

Weichkäse nach Geschmack mit der doppelten Menge weicher Butter durch ein Sieb passieren, gut vermischt und mit etwas Salz abgeschmeckt im Kühlschrank 1 Stunde ziehen lassen.

Knoblauchbutter mit Käse und Basilikum

2 Knoblauchzehen durch die Presse auf 120 g gerade so flüssige Butter drücken, mit 3 EL fein gewiegtem Basilikum, 1 Prise Salz und 4 EL geriebenem Hartkäse vermischen.

Rosenbutter

Petersilienbutter

Krabbenbutter (geht auch mit Thunfisch)

100 g Krabbenfleisch pürieren und mit 125 g Butter vermischen. Salz, Pfeffer & Dill zum Abschmecken.

Kräuterbutter

150 g Butter und fein gewiegte Kräuter nach Wahl mit etwas gutem Olivenöl vermischen, salzen und durchziehen lassen.

Mandelbutter

80 g süße Mandeln (geschält, gemahlen) mit 20g weicher Butter verkneten.

Meerrettichbutter

150 g weiche Butter mit 3-4 EL geriebenem Meerrettich vermischen und mit Zitronensaft abschmecken.

Paprikabutter

1-3 g Paprikapulver edelsüß mit 125 g weicher Butter verrühren, salzen.

Grüne Paprikabutter

1 grüne Paprikaschote putzen, würfeln, in etwas Butter leicht abbräunen, bis fast alles Flüssigkeit reduziert ist, dann pürieren und mit 170 g weicher Butter und Salz vermischen.

Petersilienbutter

150 g schaumig gerührte Butter mit 3 EL fein gewiegter Petersilie, Salz, Pfeffer und 1 Schuss Zitronensaft verrühren.

Pfefferbutter

Zu 150 g weicher Butter 1 EL geschrotete bunte Pfefferkörner, 2 EL Weißwein und ¼ TL scharfen Senf geben und gut vermischen.

Ravingôtebutter

4 EL gemischte, blanchierte, gut abgetropfte, fein gehackte Kräuter und 1 fein gehackte Schalotte in 150 g schaumige Butter einrühren. Ein Schuss Zitronensaft verfeinert das Ganze. Abkühlen lassen.

Ringelblumenbutter

150 g weiche Butter, 3 EL Ringelblumenblütenblätter, 1 größere Prise Zimt und etwas Zitronensaft miteinander vermischen.

Roquefortbutter

Roquefort durch ein Sieb streichen und mit schaumiger Butter vermischen, mit Salz und Pfeffer abschmecken.

Rosenbutter

250 g Butter, 100 g Duftrosenblätter (ungespritzt!) und 2 EL Puderzucker ordentlich vermischen, etwas ruhen lassen.

Röstzwiebelbutter

250 g Butter, 10 ml Olivenöl, 50 ml Naturjoghurt, 1 TL Salz, etwas Pfeffer sowie 80 g Röstzwiebeln ordentlich miteinander vermischen. Gut durchziehen lassen, bis die Zwiebeln weich sind, dann nochmals gut umrühren.

Senfbutter

125 g weiche Butter mit reichlich 1 EL bestem Senf vermischen.

Schafgarbenbutter

100 g zimmerwarme, fast fließende Butter, 1 EL junge, fein gewiegte Schafgarbenblätter, 1 Prise Salz und Pfeffer, etwas Tabasco, 1 Spritzer Olivenöl vermischen und in Silikonformen gegossen im Kühlschrank fest werden lassen.

Hausgemachte Buttermischungen

Scharfe Butter

150 g weiche Butter, 1 TL Dijonsenf, 1 TL Worcestersauce, 1 TL Petersilie und etwas Zitronensaft vermischen.

Sardellenbutter mit Rauchsalz

125 g zimmerwarme Butter, 2 Sardellen aus dem Glas. Sardellen zerzupfen und mit einem Schuss Zitrone in die Butter einarbeiten. Rauchsalz nach Geschmack zugeben. 1 Stunde im Kühlschrank ruhen lassen.

Tomatenbutter mit Orange

150 g Butter, 3 TL Tomatenmark, 1 gehäuften TL abgeriebene Orangenschale von einer unbehandelten Orange und 1 TL Oregano (oder gemischte Kräuter der Toskana) vermischen.

Walnussbutter

100 g gehackte Nüsse ohne Fett anrösten. Fein pürieren oder mit dem Fleischklopfer platt drücken, dann erkaltet mit 200 g zimmerwarmer – nicht flüssiger – Butter verrühren.

Würzige Butter

125 g weiche Butter mit 1 TL Cayennepfeffer und einigen Tropfen Tabascosauce vermischen.

Zitronenbutter mit Schnittlauch

150 g schaumig gerührte Butter mit der abgeriebenen Schale einer halben Zitrone und 2 EL Schnittlauch, fein gewiegt, vermischen. Abgeschmeckt wird mit Zitronensaft.

Wie man sieht, ist das Veredeln der Butter sehr vielseitig. Neue außergewöhnliche Kombinationen z. B. mit Pfefferminze, Melisse, Löwenzahnblüten oder einem Sträußchen fein gewiegter Wiesenkräuter vom letzten Spaziergang geben so manchem Mahl noch den richtigen persönlichen Pfiff.

Mein Favorit ist Bockshornklee mit Brennnessel- und einigen Birkenblättern als Frühlingsbutter — garniert mit einigen Gänseblümchen auf dem sonntäglichen Frühstückstisch.

Käse

Käse wird aus Milch hergestellt, aus Kuh-, Schafs- oder Ziegenmilch. Bei der Gerinnung sinken Eiweiß und Fett zu Boden. Das ist der „Bruch". Übrig bleibt ein wässriger Teil, die Molke: Sie ist kein Abfall, sondern kann als Getränk genossen werden. Mein Sohn trinkt sie sehr gerne, was bei Kindern eher selten vorkommt. Molke ist erfrischend, kalorien- und fettarm, enthält Proteine, Vitamin B und Mineralstoffe.

Die Gerinnung lässt sich durch verschiedene Methoden herbeiführen.

- Man wartet, bis die Milch von alleine dick wird, was mikrobiologisch „bedenklich" ist.
- Man gibt Lab dazu (wobei man sich genau an die Dosierung zu halten hat, da der Käse sonst bitter wird).
- Man gibt Milchsäurebakterien hinzu.
- Man verwendet Labkraut – wie beim Englischen Chester.
- Man nimmt Essig oder Zitronensaft – wie die Inder.

Welche Methode man nutzt, hängt von der Käseart ab, die man herstellen möchte.

Wenn die Milch von alleine sauer wird, was bei warmer Witterung ja schnell geschieht, bekommen wir – wie geschehen in den Jugendtagen auf Omas

altem Küchenherd – Dick- oder Sauermilch.
Möchte man mit sog. Starterkulturen (was nichts weiter als Buttermilch ist, die noch „lebt") arbeiten, gibt man der zimmerwarmen Milch mindestens 3 % (30 ml/Liter Milch) und beim Quark 5 % Buttermilch je Liter Milch zu. Dabei ist es wichtig, dass die Starterkulturen nicht älter als 14 Tage sind.

Entmolken beim Profi

Speisequark

Von ungefähr 2,5 l Milch – soviel geht in meine handelsübliche Kanne – erhält man 0,5 kg Quark. Für den ersten Versuch sollte diese Menge genügen.

Zuerst die Milch langsam auf etwa 24 °C erwärmen und mit 20 ml guter Buttermilch impfen, nur einmal gut umrühren und dann 24 Stunden mit einem Tuch abgedeckt an Ort und Stelle bei 18-21 °C stehen lassen.

Anschließend wird der Quark entwässert. Dafür nehme ich einen groben Durchschlag (das reicht bei dieser kleinen Menge), lege ihn mit einer sauberen Mullwindel aus, fülle den Quark ein und lasse ihn noch mal ordentlich bei o. g. Temperatur entwässern. Nach 2 Stunden erhält man einen sehr feuchten Quark. Soll er trockener – etwa für die Herstellung von Handkäse – sein, einfach länger (bis zu 24 Stunden) entwässern und dabei alle 4 Stunden durchmischen. Man kann auch das Mulltuch mit den Eckzipfeln über die Beine eines umgedrehten Schemels hängen. Nach der Entwässerung ist der Quark fertig und man kann ihn würzen und genießen. (Er ist sahnig, weil die Milch noch den natürlichen Fettgehalt hat.)

Ohne Buttermilch geht es auch:
Der Vorgang bleibt der gleiche, nur die Gerinnung dauert etwas länger. Beschleunigen lässt sie sich, indem man den Backofen auf 30 °C erwärmt und die Milch ½ Stunde hineinstellt.

Ich habe mir einen elektrischen Dampfdrucktopf von ca. 6 Litern Fassungsvermögen zugelegt. Man kann ihn ausschalten, wenn die Milch bei der gewünschten Gradzahl angelangt ist, er hält die Temperatur eine Weile. Man kann auch Marmelade darin kochen, er ist antihaftbeschichtet.

Käse schmieren beim Profi

Rindenbildung

Kleine Käsekunde

Frischkäse

Als *Frischkäse* werden alle Sorten bezeichnet, die man durch den Einsatz von Milchsäurebakterien gewinnt. Der Frischkäse benötigt als einzige Käsesorte keinen Reifungsprozess. Er lässt sich in seiner Reinform mit Kräutern, Gewürzen, Früchten, Rum, Nüssen, Rahm oder Sahne verfeinern und bietet damit eine breite Geschmackspalette von mild über süß bis pikant. Der Wassergehalt liegt bei über 73 %. Zum Frischkäse zählen auch Ricotta, Hüttenkäse oder der Quark mit seinen unterschiedlichen Fettstufen.
In Bayern lautet die Bezeichnung für Frischkäse Topfen – das nur am Rande.

Für die häusliche Bereitung bieten sich verschiedene Frischkäse mit unterschiedlichem „Schwierigkeitsgrad" an:

Schichtkäse – ein dem Quark sehr ähnliches Produkt.

Buttermilchquark stellt man durch Erhitzung von Buttermilch zwischen 50 °C und 60 °C her, das Dicke wird dann in Säcke eingefüllt, damit die Molke weiter ablaufen kann.

Rahmfrischkäse und *Doppelrahmfrischkäse* – der Rahm wird mittels feiner Gewebe entwässert. In Frankreich gibt es auch einen Dreifach-Rahmkäse. Aus diesen Frischkäsen kann man mit Hilfe von Gelatine cremig-luftige Desserts bereiten.

Hüttenkäse – ein körniges, mildes, leicht saures Produkt aus Quark. Die Trennung der einzelnen Körner erreicht man durch Umhüllen mit leicht salzigem Rahm. Hüttenkäse hat nur etwa 20 % Fett in der Trockenmasse und ist bei einem Fettgehalt von 2 bis 4 % genau das Richtige für die schlanke Linie.

Am einfachsten herzustellen ist der *Sauermilchkäse*. Ausgangsprodukt ist der Sauermilchquark. Sauermilchkäse finden Verwendung bei deftigen, traditionellen regionalen Rezepten und sind ideale Begleiter für feinen Salat und feines Gemüse. Der Wassergehalt liegt bei 60-70 %. Der wohl bekannteste Sauermilchkäse ist der „Harzer".

Kochkäse und *Weichkäse* – z. B. Camembert, Brie, Romadur.

Schnittkäse und *Hartkäse*, die sortenreichsten Käse, sind für die häusliche Bereitung eine Herausforderung und dem fortgeschrittenen „Käsemacher" vorbehalten.

Reifekeller beim Profi

Gerätschaften für die Herstellung

Neben unterschiedlich großen Töpfen, Schüsseln und Sieben (aus rostfreiem Stahl, Emaille, Glas o. ä.), die sich meist ohnehin im Hausrat befinden, benötigt man ein grobes Leinenstück oder Käsetuch (ein Stück grobes Nesseltuch oder ein sehr festes Geschirrtuch reichen auch). Dazu kommen ein großes Messer (in Ermangelung einer Käseharfe) oder eine große mehrzinkige Fleischgabel, 2 oder 3 geflochtene Matten, auf denen der Käse liegen kann (ich nehme Platzdeckchen) und selbstgebaute oder fertig gekaufte Käseformen (wichtig ist, dass sich der Käse leicht aus ihnen herauslösen lässt).

Wenn es sich um einen Käse handelt, der gepresst wird, dann muss die Form auch druckbeständig sein. Manch einer hat sich schon mit Dachrinnenrohren beholfen, entsprechend Löcher angebracht und sauber entgratet. Umfunktionieren lässt sich auch ein kleiner Eimer vom Senf oder Joghurt. Möglichkeiten gibt es viele.

Bei allen ungepressten Käsesorten kann man nehmen, was die heimische Küche hergibt: Becher von Lebensmittelverpackungen, Dessertringe zum Formen usw. Daneben gibt es viele gute Online-Shops für Zubehör. Später schafft man sich vielleicht noch Presse und Reifebox an, die auch selbst gebaut werden können.

Käsepresse – improvisiert

Man nehme eine größere Konservendose mit Deckel (im Restaurant nachfragen) und versehe sie mit vielen Löchern, durch die die Molke ablaufen kann. Die Löcher, wenn möglich, von innen nach außen bohren, dann die Ränder der Löcher platt schlagen. Aus Holz oder Plastik eine ca. 2-3 cm dicke Scheibe schneiden, die dem Innendurchmesser der Dose entspricht. Dann brauchen wir noch 2 oder 3 Ziegelsteine, die das Gewicht zum Pressen erzeugen. Die Ziegelsteine abkochen und in Folie wickeln. Oder man behilft sich mit Hantelscheiben. Zwischen Gewicht und Deckel bitte während des Pressvorgangs noch eine volle Konservendose als Stempel stellen.

Eine andere Variante, ungleich edler, ist der versierte Eigenbau (siehe im Anhang S. 122)

Auch die Reifebox lässt sich leicht selbst bauen.

Reifebox

Zum Reifen braucht Käse eine relative Luftfeuchtigkeit von 80-90 %. Diese lässt sich auch in der selbst gebauten Reifebox erzeugen.

Sauermilchkäse

Als Gefäß eignen sich Omas alter Tontopf, eine große Plastikschüssel oder eine aus Glas.

Wichtig ist, dass das Behältnis mindestens 5 l fasst. In die Schüssel oder den Topf Wasser gießen, bis es den Boden ca. 5 mm bedeckt.

Anschließend in das Behältnis einen Teller oder einen Rost stellen (ich nehme den meiner Mikrowelle). Auf den Teller Dreikanthölzchen (bekommt man beim Schreiner) legen, auch große Lego-Steine eignen sich. Darauf ruht dann der Käse. Vor Gebrauch alles Zubehör mit heißem Wasser reinigen.

Zum Schluss über die Schüssel ein sauberes Handtuch, Geschirrtuch oder Leinenzeug spannen und mit einem Gummiband fixieren. Zwischen Käse und Tuch muss ausreichend Platz sein. Das Wasser einmal in der Woche erneuern. Etwas Salz hält es länger frisch.

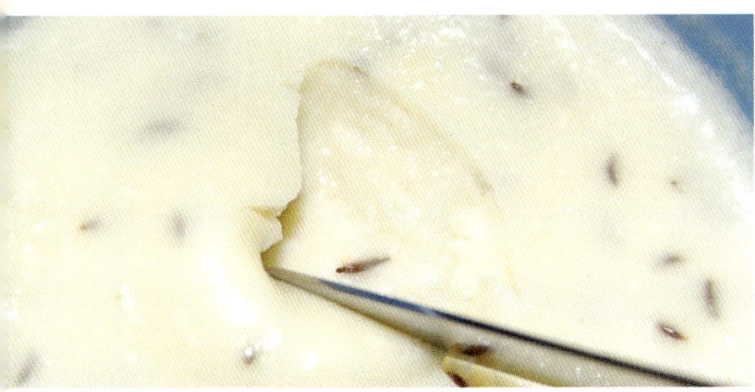

Kochkäse

Frischkäserezepte

Quarkaufstrich – pikant

125 g Frischkäse mit 60 g schaumiger Butter verrühren. Nun 1 kleine feingehackte Schalotte, einige Kapern aus dem Glas (auch Ersatzkapern aus Gänseblümchen, Kapuzinerkresse etc.), 1 Sardellenfilet, fein geschnitten, etwas Kümmel, Salz und Pfeffer untermischen. Mit einem Schuss Sahne wird der Aufstrich noch cremiger.

Kochkäse

250 g sehr trockenen Quark mit ½ TL Salz und ½ TL Natron vermischen, ruhen lassen, bis er glasig wird. Nun die Masse im Wasserbad erhitzen, bis sie eine zähflüssige Konsistenz erreicht. Anschließend etwas Butter, etwas saure Sahne und 1 TL Kümmel unterheben, in Becher gießen und erstarren lassen.

Süßer Frischkäse – Süßer Quark

Ja – auch das können wir selbst zaubern. Die süßen Varianten sorgen für Abwechslung und etwas Sahne verleiht ihnen eine feincremige Konsistenz. Bitte immer im Kühlschrank aufbewahren und recht bald aufbrauchen.

Schokoladenkäse

100 g Frischkäse, 2 TL Kakaopulver, etwas Vanillezucker, 1 Prise Salz, ein wenig Chilipulver, Zucker (Menge nach Geschmack) und 30 ml Schlagsahne vermischen und servieren.

Kaffeekäse

100 g Frischkäse mit 1 TL fein gemahlenem Bohnenkaffee oder 1 EL löslichem Kaffee, etwas Vanillezucker, 1 Prise Salz, etwas Zimt, Zucker (Menge nach Geschmack) und 30 ml Sahne verrühren – fertig.

Früchtekäse

100 g Frischkäse mit klein geschnittenem Obst nach Geschmack, etwas Sahne und Zitronensaft, 50 ml Joghurt und etwas Rohrzucker vermischen. Zum Schluss obenauf selbst gemachte Knusper-Cerealien geben.

Labkrautquark

Leckermäulchen

1-2 EL Rübensirup mit 1 EL Nusssplittern in einer Pfanne erhitzen und vorsichtig umrühren, bis der Sirup an den Nüssen klebt. Etwas abkühlen lassen, mit 50 ml Sahne aufgießen und solange rühren, bis sich alles Feste, was an der Pfanne hing, gelöst hat. Diese Masse nun zu 150 g mildem Quark geben, mit Rohrzucker und 1 EL brauner Butter vermischen.

Cinderella

100 g Frischkäse mit 50 g Joghurt, 20 ml süßer Sahne, etwas Zucker und 1 EL Zichorienpulver (z. B. Im Nu-Kaffee, oder Caro Landkaffee) vermengen. Einige fein gewürfelte Trockenfrüchte unterheben und servieren.

Märchencreme

100 g Frischkäse, 2 TL Kakaopulver und etwas Vanillezucker verrühren. Dann 2 EL ganze Haselnüsse mit 3 EL Zucker karamellisieren lassen und anschließend alles zusammen mit 50 ml Schlagsahne vermischen.

Sauermilchquark

2,5 l Milch erhitzen, bis sie beinahe kocht, dann sofort 40 ml Zitronen- oder Orangensaft (Weißweinessig geht auch – dann aber 3 EL) zugeben und umrühren. Wie man sieht, gerinnt alles fast augenblicklich. Nun braucht man nur das Geronnene wie eingangs beschrieben abtrocknen zu lassen und fertig ist der Sauermilchquark. Anstelle des Zitronen- bzw. Orangensaftes kann man auch selbst gemachten Würzessig für die Gerinnung benutzen (3 EL).

Statt des Zuckers kann man alle süßen Quarkspeisen mit Xylitol süßen, das schont Zähne und Hüften.

Frischkäse

Sauermilchkäse

Labkrautquark

Benötigt werden:
1 kleines Sträußlein Labkraut (ca. 10-15 g frisches Kraut)
1,5 l 3,8%ige Bio-Milch

Das Labkraut wird gewaschen, verlesen und in einen Gefrierbeutel gefüllt. Dann viele Löcher mit einer Gabel in den Beutel stechen. Den Beutel zugeknotet ordentlich durchkneten, möglichst so, dass das Kraut in einem Stück bleibt. Die Milch in einem hohen, möglichst schmalen Topf erhitzen, bis sie ein leichtes Häutchen zu bilden beginnt. Die Temperatur schwankt hier je nach Milch zw. 40 und 60 °C. Den Topf vom Feuer nehmen, den Beutel mit dem Labkraut in die Milch tauchen und so fixieren, dass er unter der Oberfläche bleibt. Anschließend das Ganze mit einem sauberen Küchentuch abdecken und stehen lassen. Hin und wieder vorsichtig schwenken.

Nach ca. 20-24 Stunden ist die Gerinnung abgeschlossen. Nun nimmt man den Gefrierbeutel heraus und drückt die im Inneren des Beutels entstandene Masse vorsichtig durch die Löcher nach außen. So gelangt kein Kraut in den Käse.

Jetzt ein sauberes Käsetuch (bzw. grobes Nessel- oder festes Geschirrtuch) über eine Schüssel spannen, den Quark dort hineinschütten und wie oben beschrieben über Nacht entwässern lassen. (Tipp: Das Käsetuch zuvor ganz kurz feucht in die Mikrowelle stecken.) Man kann den Labkrautquark nach Belieben mit Kräutern und Gewürzen verfeinern oder Käse fertigen.

Geschmacklich lassen sich die Frischkäse weiter abwandeln, indem man z. B.

- Gewürze und Kräuter untermischt (z. B. Bärlauch oder zerdrückte Pfefferkörner, Bockshornklee, fein gewiegte Brennnessel, Chili, Paprika, Pfeffer).
- bunte Pfefferkörner im Ganzen zugibt (dann muss der Frischkäse länger durchziehen), oder man kocht sie mit einer geringen Menge Molke auf.

- Blütenblätter von essbaren Blumen wie Ringelblume, Kelchblätter vom Löwenzahn, Rosen, Veilchen und Vanille für die süßen Varianten zugibt.
- Auch selbst gemachte Sirups geben in Verbindung mit Obst erstaunliche neue Kompositionen.
- Zudem kann man geröstete Nüsse oder „Vogelbeerrosinen" einarbeiten;
- den Frischkäse in Rollen, Bällchen oder Herzen formen und in Schnittlauch, Paprika oder Röstzwiebeln wenden.
- Pikant wird es mit Orangenschalen und Basilikum.
- Die Frischkäse mit Räucherschinken umwickeln und einige Tage ziehen lassen.
- Meerrettich gibt eine pikante Note, Pilzpulver vom Steinpilz sollte man probieren, wenn man Pilzfreund ist.
- Etwas Rauchschinken (ganz fein gewiegt) und Rauchsalz zugeben.
- Mit großen aromatischen Blättern der Haselnuss, Esche oder der Linde einwickeln.
- Ganz edel: Einen Ring formen und mit gehackten (eventuell gerösteten) Nüssen oder Mandeln bestreuen.
- Nicht zuletzt kann man festen Frischkäse in Öl mit verschiedensten geschmacksgebenden Komponenten einlegen.

Am besten, man öffnet einfach den Schrank, die Ideen kommen von alleine – zumindest geht es mir so.

Verschiedene Frischkäse

Labquark

2,4 l Milch mit 15 ml Buttermilch langsam auf 38 °C erwärmen, 20 Tropfen Lab verdünnen und zugeben. Das Gemisch gut umrühren, abdecken und solange stehen lassen, bis die Milch dick wird. Dann den Durchschlag mit dem Käsetuch auslegen und mit einem Schaumlöffel dünne Scheiben Quark schichtweise in das Tuch geben.
Im Anschluss das Käsetuch an den Ecken zusammen nehmen, aufhängen und die Molke abtropfen lassen. Jetzt ist der Quark verzehrfertig.
Gönnt man ihm noch ein, zwei Tage im Kühlschrank, eingeschlagen in Wachspapier, gewinnt er zusätzlich an Geschmack.

Handkäse aus Frischkäse

Handkäse

Handkäse aus Frischkäse

500 g selbst gemachter, krümelig trockener Quark wird kräftig mit Meersalz und wahlweise (Kreuz)Kümmel gewürzt, zu kleinen Klopsen geformt und mit einem Tuch abgedeckt. Jetzt muss man sich gedulden: Der Käse ist reif, wenn er anfängt glasig zu werden und eine Fingerprobe keine Spuren mehr hinterlässt. In der Speisekammer dauert der Reifevorgang zwischen 6 und 9 Tage. Das Aroma entfaltet sich am besten bei Zimmertemperatur.

Alternativ kann man Frischkäse auch in Steinzeug reifen lassen: Dabei wird ein mit stark verdünntem Essigwasser oder besser noch Salzwasser getränktes Tuch über den Käse gedeckt, das man täglich auswaschen sollte.
Da diese Käse an der Luft trocknen, muss man Acht geben, dass sie nicht zu trocken werden. Nach erfolgter Reifung kann man sie zwischen Hopfen gelegt einige Zeit einlagern. Ein bisschen Johanniskraut beim Einlagern schützt laut Großmutters Empfehlung vor möglichen Schädlingen.

Meerrettichhandkäse

Handkäse wie oben beschrieben herstellen und abtrocknen. Im Anschluss die Käsekugeln mit Meerrettichblättern umwickelt in einen Topf schichten. Nach einigen Tagen bekommen die kleinen Handkäse einen charakteristischen, angenehmen Geschmack. Man kann statt Meerrettich- auch Huflattichblätter verwenden.

In Blätter gewickelter Handkäse

Zum Einschlagen eignen sich die Blätter von Bergahorn, Eiche und Platane, Edelkastanie und Weinlaub.

Die Blätter erntet man grün, aber auch schon leicht gefärbtes Herbstlaub ist verwendbar. Die Blätter kurz in Salzwasser blanchieren oder in Weißwein einlegen. Der Einschlag schützt den Käse und fördert seine Reifung, sodass sich das unvergleichliche Aroma entwickeln kann. Das grüne „Gewand“ ist zudem ein optischer Höhepunkt.

Natürlich kann man nicht nur Handkäse, sondern alle Weichkäse in Blätter einwickeln, wie es unsere Vorfahren taten und man es mancherorts noch

Handkäse und Frischkäserolle

Mit Bier eingepinselte Handkäse

heute tut. Auch das Umhüllen mit einer essbaren Rinde aus Kräutern (z. B. Bohnenkraut, Majoran, Rosmarin, Oregano, Estragon, Dill, fein gehackter Salbei und Thymian) bringt geschmackliche Extravaganzen hervor und schützt durch die ätherischen Öle der Kräuter den Käse vorm Verderb. Ganz apart wirkt eine Umhüllung aus bunten Blütenblättern. Ein optischer Eyecatcher ist die Verwendung von Lärchennadeln bzw. Nadeln des Wacholders oder der Fichte. Experimentieren ist wieder angesagt.

Winterhandkäse

Man besorgt sich aromatisches Bergheu, das mit Sicherheit nicht gedüngt ist, und kocht es mit Wasser ab. Das heiße Heu drückt man aus und legt eine Schüssel damit aus. Dann eine Schicht Frischkäse ohne Kümmel einlegen und mit Heu bedecken. Wichtig ist, dass das Heu heiß ist, noch dampft. Den Topf mit einem sauberen Geschirrtuch bedecken und das Tuch festbinden. Nach 14 Tagen bis 3 Wochen sollte der Käse schön weich sein und eine krautig-aromatische Note haben.

Kartoffelhandkäse

250 g gute Kartoffeln langsam in Salzwasser garen, so dass die Schalen heil bleiben. Danach schälen, durch die Kartoffelquetsche geben und mit 500 g sehr trockenem Quark verkneten. Kleine Röllchen formen und zugedeckt einige Tage stehen lassen, damit sie etwas trocknen können. Ist der Teig zu feucht, schimmeln die Käse sehr schnell. Nun mit sauberen Händen noch einmal alles durchkneten und Käse in beliebigen Größen und Formen herstellen. Jetzt ordentlich trocknen lassen und dann mit dickem Bier einpinseln. Im Steinguttopf einlagern und ruhig eine Weile stehen lassen, sie werden mit dem Reifen immer besser.

Auch Kümmel oder Rosmarin können in den Teig eingearbeitet werden.

Dickes Bier: 1 Flasche dunkles Bier in einen Topf geben, erhitzen und vorsichtig reduzieren lassen, bis ein guter Teil der Flüssigkeit verdunstet ist. Damit dann die Käse sparsam bepinseln (bei zu viel Bier schmecken sie sehr herb).

Scharfer Bierhauskäse

400 g sehr trockenen Quark in einer weiten Schüssel zerbröseln, je 1 TL Salz und Kümmel, 1 Prise Pfeffer darüber streuen, gut umrühren und den Quark in der Schüssel weit ausbreiten. Nun mit hellem Bier beträufeln und zugedeckt bei Raumtemperatur 2 bis 3 Tage ziehen lassen. Jeden Tag nochmals mit etwas Bier beträufeln. Nun mit Salz und Pfeffer abschmecken und zu Roggenbrot reichen.

Handkäse nach Harzer Art

500 g sehr trockenen Quark möglichst krümelig austrocknen lassen. Mit etwas Salz, 2 TL Kümmel und 1 gestrichenen TL Natron verkneten. Das Natron neutralisiert die Säure im Quark/Käse. Jetzt kleine Quarkrollen formen entweder per Hand oder mit Dessertringen, dabei den Quark fest zusammendrücken. Die ausgeformten Stücke auf eine Matte, ein Holzbrett oder ähnliches setzen und im kühlen Raum noch 6 bis 12 Stunden außen antrocknen lassen.

Handkäse in Öl eingelegt

Eingelegter Handkäse

Zu guter Letzt kann man Handkäse auch einlegen: Man nehme einen Käse und schneide ihn in große Würfel. In einem großen Joghurtglas mischt man gutes Olivenöl mit Salz, Pfeffer, etwas Chili (wer mag) oder Paprika und einer klein geschnittenen Frühlingszwiebel. Dann den Käse ins Glas geben, Deckel darauf und durchziehen lassen, bis der Käse einem schmeckt.

Handkäse, eingelegt nach böhmischer Art

Eine kleine Zwiebel fein hacken, eine Knoblauchzehe durch die Presse drücken und mit Pfefferkörnern, Piment, Lorbeerblatt und einigen Handkäsen (ggf. in große Stücke geschnitten) vermischen. Ein Glas nehmen, den Boden mit Lorbeerblättern auslegen, nun den Käse einschichten. Mit Olivenöl oder Sonnenblumenöl aufgießen und 14 Tage ziehen lassen.

Frischkäse aus dem Glas

Fertigen Quark in ein sauberes Glas geben und fest andrücken, mit einem Leinentüchlein verschließen und 5 Tage in die Sonne stellen. Danach dürfte er dick geronnen sein. Nun die Masse in einen Tiegel geben und 2-3 Butterflöckchen, etwas Salz und eventuell etwas Schnittlauch hinzugeben, aufwallen lassen und dann abgekühlt in Stücke schneiden.

Frischkäse aus Quark und saurer Sahne

250 g Quark mit 40 g schaumiger Butter, 1 feinwürfelig geschnittenen Frühlingszwiebel, 1 zerdrückten Knoblauchzehe, Paprika und Meersalz vermischen. Nun 150 ml saure Sahne unterrühren, in einem Leinensäckchen in Form bringen und trocknen lassen.

Vegetarischer Käse

1 l Sojamilch aufkochen und mit dem Saft einer Zitrone unter langsamem Rühren vermischen. Nun vom Feuer nehmen und noch etwas weiter rühren, bis sich eine gewisse Dicke einstellt. Nun der Masse eine viertel Stunde Ruhe gönnen. Dann wie bei jeder Quarkgewinnung über Nacht abtropfen lassen, das gibt dann ca. 450-500 g Frischkäse. Nun nach Geschmack würzen und im Kühlschrank aufbewahren.

Tipps zum Reifen

Alle Behältnisse und Gerätschaften gründlich mit heißem Wasser abwaschen, damit alle Keime abgetötet werden.

In einen Steinguttopf/Römertopf eine Salzlake einfüllen. Diese stellt man aus 1 l Wasser und ca. 130 g Kochsalz selbst her. Der Käse soll über der Lake reifen, deshalb ein Gitter in den Topf setzen. Wenn man kein Gitter hat, stellt man eine umgedrehte Tasse in die Salzlake und ein Frühstücksbrettchen oben auf. Hierauf die Käse legen, ein sauberes Geschirrtuch (ohne Weichspüler, auch heiß auswaschen) mit der Salzlösung tränken und auswringen, auf die Käse legen. Der Käse reift nun ca. 4 bis 6 Tage, dabei muss man einmal täglich nachsehen, ob das Tuch noch feucht ist und den

Reifung im Tontopf

Sauermilchkäse nach der Reifung

Käse eventuell abreiben. Nach einer Woche ist der Käse fertig gereift und sollte natürlich schimmelfrei sein. Man lagert ihn nun am besten in Folie verpackt im Kühlschrank.

Weichkäse

Weichkäse – Grundrezept

2,25 l Milch mit 60 ml Buttermilch und 10 Tropfen Lab

Die (Kuh)Milch auf 32 °C erhitzen (Ziegen- oder Schafsmilch auf 29 °C), vom Feuer nehmen und mit dem 6-fach verdünnten Lab und der zimmerwarmen Buttermilch verrühren. Das Rühren geschieht langsam und gleichmäßig am Anfang bis zum Topfgrund, dann immer höher gehend. Dann 2 Stunden mit einem Küchentuch abgedeckt stehen lassen. Nach der Standzeit bei gleichbleibender Temperatur wird die Gallerte mit dem Messer in walnussgroße Stücke zerteilt und der Bruch anschließend mit einer Kelle in die Käseform gefüllt, die Molke lässt man dabei schon ablaufen. Nach einer kurzen Wartezeit den Käse das erste Mal wenden. Eine Käseform mit Gitter ist besonders günstig für das Wenden. Nun wird der Käse weiter entmolken, nach 2 Stunden den Käse erneut wenden, dann nochmals nach 2 Stunden. Jetzt müsste das Ganze schon sehr gut zusammenhalten. Nach weiteren 3 Stunden Wartezeit erneut wenden, dann nochmals nach 6 Stunden. Am Folgetag gönnt man dem Käse ein einstündiges Bad in Salzlake, währenddem er zwei Mal gewendet wird. Nun herausnehmen und auf einem Abtropfgitter weiter reifen und trocknen lassen. Nach 3 Tagen kann man den Käse schon verkosten, man kann ihn auch noch einige Tage länger reifen lassen.

Mit den Weichkäsen ist es wie mit den Handkäsen: Sie lassen sich beliebig verfeinern mit Kräutern und Co.

Verschiedene Weichkäse

Weichkäse nach französischer Art

2,2 l Milch werden mit 650 ml Sahne und 20 ml Buttermilch vermischt und auf 16-18 °C gebracht. Dann 7 Tropfen Lab mit 2 EL Wasser verdünnen und unter 4-minütigem Rühren in den Topf geben. Dann nur noch 1 Minute oberflächlich rühren. Den Topf an einen kühlen Ort tragen und in der nächsten Stunde noch 2 Mal oberflächlich rühren. Nach einer Wartezeit von ca. 14 Stunden ist der Quark teilungsfest. Nun in ein großes Leinentuch füllen und in gewohnter Manier aufhängen, dass die Molke ablaufen kann. Jede Stunde den trockenen Quark nach innen bringen und solange hängen lassen, bis keine Molke mehr tropft. Mit Salz abschmecken, die Masse nun in Käseformen füllen und zum weiteren Entwässern auf die Matten stellen. Wenn die Käse schön die Form behalten, sind sie genussfertig. Man kann sie in Wachspapier im Kühlschrank bis zu einer Woche lagern.

Weichkäse mit Kräutern

2 l Milch und 100 ml Buttermilch mit 1 Strauß fein gewiegten Kräutern (Brennnessel, Schnittlauch) vermischen, salzen. 1 aufgelöste Labtablette hinzu geben, nach der Dicklegung mit einem großen Messer in große Würfel schneiden und in Formen schichten. 1 Tag trocknen lassen, aus der Form nehmen und in Kräutern wenden.

- Anstelle der Kräuter kann man auch zerdrückten Knoblauch nehmen. Auch
- angeröstete Nüsse (Haselnuss, Walnuss etc.) kann man diesem Rezept zufügen, je nach Geschmack 80-120 g. Etwas Tomatenmark mit Cayennepfeffer und Petersilie, Kümmel oder Röstzwiebeln usw. bringen neue Kreationen.

- Auch Kerne von der Sonnenblume, Kürbiskerne, Sesam, gehobelte Mandeln mit etwas Kokos oder Pinienkerne (kurz angeröstet und zerrieben) sind möglich. Wie wäre es mit geschrotetem Studentenfutter?

Solche Weichkäse kann man noch gehörig verbessern, wenn man ihnen ein Bad in Salzwasser gönnt:

1 l warmes Wasser mit 240 g Salz (kein Jodsalz) versetzen und die Käse für ca. 3 Stunden einlegen – dabei ab und an umdrehen.
Nach dem Bad gut abtrocknen lassen und dem Käse nochmals eine Reifezeit in einer selbst gebastelten Reifebox geben. Dies kann variieren je nach Zutat zwischen 6 bis 14 Tagen, der Käse reift von außen nach innen.

Auch Edelschimmelkäse lässt sich nach o. g. Rezept herstellen. Beim Auflösen der Labtablette etwas abgekratzten Schimmel vom fertigen Schimmelkäse mit hinzufügen, dann einlaben. Wenn der Käse zu sehr flachen Stücken geformt ist, mit einem Holzstab, an dem Schimmel haftet, Löcher in den Käse stechen. Während der Reifezeit von ca. 2 Wochen im Kühlen immer wieder wenden. Am besten reift er auf Strohmatten. Wenn alles richtig gemacht wurde, wächst nach 4 bis 6 Tagen außen Schimmel.

Festen Weichkäse kann man auch räuchern!

Ricottamasse vor dem Formen

Ricotta

1 l Molke aufkochen und immer fleißig rühren, dabei nach und nach 1,5 Liter Milch zugeben, immer nur gerade soviel, wie die Molke aufnehmen will. Dann das Ganze 20 min ruhen lassen, durch ein Käsetuch abseihen und die Dickmasse in Förmchen mit Löchern geben, damit die Molke wieder ablaufen kann. Nach ca. 4 Stunden aus den Formen nehmen.

Käsekugeln mit Kräutern eingelegt

Aus 2 l Milch, 5 EL Buttermilch und 1 Labtablette in Wasser aufgelöst nach obiger Vorschrift einen Bruch herstellen. Daraus mehrere gleich große Kugeln formen, in Salz wenden und 2 Stunden ruhen lassen, bis sie sich außen trocken anfühlen. Die Käse in ein ausreichend großes Glasgefäß geben, dazwischen Kräuterzweige legen, 4 Pimentkörner, 2 Knoblauchzehen zugeben und mit Olivenöl begießen. Der Käse und die Gewürze müssen vollständig mit Öl bedeckt sein. Deckel

Hartkäsereifung

Hartkäse pressen

aufschrauben und ziehen lassen, bis die Kräuter zu Boden sinken. Die Käsekugeln halten sich sehr lange im Öl.

Schnittkäse/Hartkäse

Für die Herstellung von Schnitt- bzw. Hartkäse braucht man mehr Milch und Formen, die auch das Pressen aushalten. Von 1 l Milch erhält man zwischen 60 und 100 g Käse. Seien wir uns hier gleich darüber im Klaren, dass wir keinen Tilsiter oder Emmentaler zaubern können. Das kann nur der Fachmann. Was wir schaffen können, sind Heimkäsesorten, die es so nicht an der Käsetheke gibt – dafür lohnt sich die Anstrengung. Bei der Herstellung dieser Käse ist genaues und sauberstes Arbeiten oberstes Prinzip, ebenso gleichbleibende Temperaturen bei der Labung und dem Brennen.
Ebenso wichtig ist das richtige Pressen, die Förderung der Rindenbildung und Rindenpflege. Warum man so viel Wert auf diese scheinbare Selbstverständlichkeit legen muss, lässt sich leicht mit der langen Reife- und Pflegezeit erklären. Was nützt der von außen schönste Käse, wenn er nichts taugt. Wie anfangs schon erwähnt, kann man sich eine Profipresse besorgen oder improvisieren. Hier gilt es einiges zu wissen.

Hart- und Schnittkäse müssen zu Laiben zusammengepresst werden. Die Käsemasse enthält sehr viel Molke, ist demzufolge weich und gibt nach. Daher muss man für einen gleichmäßigen Pressdruck sorgen.

Ein Grundrezept für Schnitt- bzw. Hartkäse

3 l Milch und 75 g Naturjoghurt (am besten selbst gemachter) werden 30 min bei 32° C erwärmt. 1 ½ Labtabletten in lauwarmem Wasser auflösen und dazu geben. Nun in den vorgewärmten Backofen stellen, darauf achten, dass die Temperatur gleichmäßig gehalten wird. Nach ½ Stunde die Dickmasse in 1 cm große Würfel schneiden, den Topf in ein warmes Wasserbad stellen, auf 45 bis 50 °C

Käselaib wenden

den Käse für 12 Stunden einlegen (dabei aller 4 Stunden umdrehen), dann herausnehmen, abtrocknen und in eine Reifebox auf ein Gitter setzen, so dass von allen Seiten Luft heran kommt.

Pflege des Käses während der Reifezeit

Man schmiert den Käse: d. h. man wäscht ihn mit Salzwasser und einer ganz weichen Bürste außen herum ab und dreht ihn um. Diesen Vorgang wiederholt man aller 1 bis 2 Tage. Die Reifezeit ist abhängig von der Käsesorte, es gibt ja auch mehrjährige Bergkäse. Bei unserer häuslichen Käserei haben wir eine Reifezeit von 3 bis 8 Wochen.

erhitzen und dabei vorsichtig rühren. Diesen Vorgang nennt der Fachmann „Brennen". Solange brennen, bis der Bruch in erbsengroße Stücke zerfällt. Nun muss der Bruch mit der Molke noch bei 45 bis 50 °C ca. 20 min ruhen. Danach den Bruch in eine Form geben – jetzt könnte man noch Kräuter, Gewürze, Nüsse etc. einarbeiten.

Wenn man eine improvisierte Form mit einem Tuch auslegt, unbedingt darauf achten, dass sich keine Falten bilden, sonst bekommt die Rinde Fehler.

Jetzt den Käse pressen: Käsebruch bis 1 kg wird mit 3 kg Pressgewicht gleichmäßig beschwert. Nach 2 Stunden wird das Käsetuch entfernt und der Käse gedreht. Man gibt ihn nun zurück in die Form und presst ihn weitere 12 Stunden mit 5 bis 6 kg bei konstanter Zimmertemperatur von 20-22°C, dadurch verdichten sich die Randschichten besser, was wieder gut für die Rindenbildung ist. Zugluft unbedingt vermeiden. Anschließend darf der Käse „baden": 250 g Salz in 1 l Wasser auflösen und

Fehler und Ursachen

- Manchmal kommt es zum sog. „Spättrieb", d. h. der Käse bläht sich auf. Leider zeigt sich dies erst während der Reifezeit. Verursacht wird dies durch die Buttersäurebakterien, die auch durch Erhitzen der Milch nicht abgetötet werden. Diesen Käse muss man leider wegwerfen.
- Bei der Frühblähung entstehen ca. 2 Tage nach dem Einlaben Blasen durch coliforme Keime, die den Milchzucker abbauen. Dadurch entstehen im Käse ganz viele kleine Löcher. Auch diesen Käse muss man wegwerfen.

Bruch schneiden in der eigenen Küche

- Ein bitterer Geschmack des Käses kann verschiedene Ursachen haben: die Labmenge kann zu hoch dosiert sein, coliforme Keime sind im Käse oder aber durch Bitterstoffe im Futter kommt herber Geschmack zu Stande.

- Schließlich kann es noch zur Rissbildung kommen, was durch Temperaturschwankungen bei der Dicklegung und Zugluft verursacht wird. Auch Luftdruckschwankungen durch das Wetter können den Käse ungünstig beeinflussen. Er ist eben ein Naturprodukt.

- Schmierige weißliche Flächen auf dem Käse sind oft das Ergebnis mangelnder Hygiene. Bitte aber auch die Herstellungsweise und die Temperaturen überprüfen!

- Fleckiger Belag bedeutet leider Schimmel- oder Bakterienbefall. Bei leichtem Befall kann man den Käse mit einer Salz- bzw. Essiglösung abwaschen. Bei stärkerem Befall den Käse entsorgen.

Pressen in der eigenen Küche

Frühlingskäse

3 l Vollmilch mit 50 g Naturjoghurt erhitzen, 1 ½ Labtabletten in warmem Wasser aufgelöst hinzugeben und die Milch bei 45-50 °C dick legen – nicht mehr rühren, bis die Milch dick ist. Der Bruch soll dann Haselnussgröße haben. 200 g verlesene, gesäuberte und fein gewiegte Frühlingskräuter mit in den Kessel geben, die Temperatur weiterhin halten und noch ½ Stunde stehen lassen. Die Masse in Käseformen füllen, die Molke ablaufen lassen. Ungefähr eine Stunde ruhen lassen, dann für 2 Stunden mit 5 kg pressen, drehen und nochmal 2 Stunden pressen. Nach einem Tag Ruhepause darf der Käse in der Salzlösung baden, anschließend wird er sorgsam getrock-

Verschiedene Hartkäse

net und kühl und luftig aufgestellt. Man wendet in den ersten 2 Wochen täglich und dann bis Woche 7 und 8 zweimal in der Woche. Beim Wenden jeweils mit Salzlösung schmieren.

Mönchlein

3 l Vollmilch mit 150 g Naturjoghurt und 100 g Sahne erhitzen, 1 ½ Labtabletten in warmem Wasser aufgelöst hinzugeben, umrühren und die Milch bei 45 bis 50 °C dick legen – nicht mehr rühren, bis die Milch dick ist. Die Gallerte zerteilen – der Bruch sollte dann Erbsengröße haben. Jetzt 2 EL Mönchspfeffer und etwa 1 TL Schabzigerkleepulver mit in den Kessel geben und den Bruch noch 20 min bei 45 bis 50 °C ruhen lassen. Nun in Formen schöpfen, 10 Stunden mit 5 kg pressen. Mit dickem Bier einpinseln und einziehen lassen, dann den Käse mit Schmalz überziehen. Für 3 Wochen unter täglichem Wenden und anschließend für weitere 3 Wochen bei jeweils 3-maligem Wenden im Kühlen lassen.

Zum Thema „Milch dick legen" möchte ich noch anfügen, dass die Gerüche nicht jedermanns Sache sind. Mancher erinnert sich noch ungern an Kindertage, heiße Milch mit Honig, die gegen Halsschmerzen getrunken werden musste …

Joghurt – selbst gemacht

Wir brauchen wieder nur Milch und als Starterkultur einen guten Biojoghurt ohne Zusätze, der nicht wärmebehandelt ist. Um die Temperatur zu halten, nehme ich eine alte Joghurtmaschine aus den 80ern, die immer noch ihren Dienst tut.

Es gibt wohl noch die Möglichkeit mit dem Backofen: Er wird auf 50 °C erhitzt und dann ausgeschaltet, die schon präparierte zimmerwarme Milch wird in ein Glasgefäß mit Deckel gefüllt und über Nacht im Ofen gelassen.

Joghurt hausgemacht

Oder man gibt das Ganze in eine Thermoskanne. Gleichmäßig hohe Temperatur ist sehr wichtig, sie darf weder steigen noch fallen, sonst wird der Joghurt zu sauer bzw. er wird nicht dick genug.

Ob mit Maschine, Backofen, Elektrotopf mit Thermometer, wichtig ist, dass die Zutaten zimmerwarm sind und ungefähr den gleichen Fettgehalt haben. 1 Liter 3,5 %ige Milch mit einem Becher 3,5 %igen Joghurt verrühren und in die Behältnisse geben.

Bei meinem Joghurt füge ich noch 2 EL Eugalan plus 3 der Firma Töpfer zu. Es enthält pro-biotische Bifido- und Acidophilus-Kulturen, die sich dann im Joghurt vermehren (diese Kulturen regenerieren die natürliche Darmflora und fördern die Darmtätigkeit).
Durch einen Anteil von Magermilchpulver wird der Joghurt fester. Alternativ kann man ganz normales Magermilchpulver aus der Babynahrungsabteilung zufügen. Mit 2 EL Magermilchpulver wird der Joghurt schnittfest.

Der Joghurt ist ca. 2 Wochen haltbar, wenn er im Kühlschrank gelagert wird; auch wird er gekühlt noch etwas fester.
Wenn man ganz vorsichtig ist, kann man Schichtjoghurt selbst herstellen. Dazu gibt man in das Joghurtgefäß zuerst Marmelade oder Fruchtmus bzw. Früchte und gießt die Milch mit Starterkulturen vorsichtig obenauf.

Natürlich lassen sich fertige Joghurts nach Belieben verfeinern. Sämtliches Obst – stückig oder als Fruchtmus, solo oder kombiniert oder als Trockenfrucht, Nüsse und Kerne, ganz oder zerstoßen, natur oder angeröstet, Honig, Sirups, Kräuter – kurz alles darf rein, was schmeckt und wonach einem der Sinn steht.

Probieren Sie unbedingt auch über Nacht gequollenes Getreide.

Senf – selbst gemacht

Geschichtliches und Interessantes

Die Chinesen sollen es gewesen sein, die um 3000 v. Ch. ihre Speisen mit Senfkörnern würzten. Und im ersten Jahrhundert unserer Zeitrechnung erwähnte der griechische Arzt Pedanios Dioskurides die heilende Wirkung des Senfes, die Römer entdeckten ungefähr zur selben Zeit den Senf als Würzpflanze: es ist das erste Senfrezept aus dieser Zeit erhalten. Die Bestandteile waren Senfkörner, Wasser, Soda, Essig, und die Römer waren es auch, die den Senf über die Alpen zu uns brachten. Ihnen galt er auch als Mittel gegen Läuse, Haarausfall und Schlangenbisse. In den alten Schriften geht man neben der heilende Wirkung auch auf die Magie des Senfes ein und schreibt ihm zum Beispiel aphrodisierende Kräfte in Verbindung mit Honigwasser zu.

Die erste Erwähnung auf deutschem Gebiet führt auf Karl den Großen zurück, der im 8. Jahrhundert das Anlegen von Kräutergärten anordnete. Senf war zu dieser Zeit neben Meerrettich das einzige Gewürz zum Schärfen der Speisen und seine Blätter wurden als Gemüse genossen.
Das Zentrum der Senfherstellung in Europa wurde im Lauf der Zeit Dijon, ein Name, der auch noch heute für Qualität steht.

Senfpflanze (Acker-Senf/Sinapis arvensis)

Gelbes Senfmehl

In der Volksmedizin findet der Senf Anwendung bei rheumatischen Beschwerden und Gelenkschmerzen als Senfmehlbrei, der mit einem Tuch auf die schmerzenden Gelenke aufgebracht und zugedeckt wird. Bei Augen- und Ohrenschmerzen soll ein in den Nacken gelegter Senfwickel Abhilfe schaffen.

Botanisch gesehen gehört der Senf zur Familie der Kreuzblütler, er ist genügsam und kann fast überall angebaut werden. Die einzige Voraussetzung ist unverzichtbare Wärme und Trockenheit zur Reifezeit. Alle Kreuzblütler enthalten viel Öl zwischen 20 und 36 %. Senf enthält auch 28 % Eiweiße sowie das Glykosid Sinalbin beim Weißen und Sinigrin beim Schwarzen Senf, die ihm die Schärfe geben.

Im eigenen Garten erfolgt die Aussaat Mitte bis Ende April. Nach ca. 100 Tagen sind die Pflanzen ausgereift und man kann die Samen verarbeiten. Aus gelben *(Sinapis alba)* Samen werden milde Senfsorten, die schwarzbraunen bis schwarzen *(Brassica nigra)* Senfsamen sind besonders scharf und würzig. Es gibt von ihm auch noch zwei Untersorten – den indischen *(B. integrifolia)* und den japanischen bzw. chinesischen *(cernus)*, welche ebenfalls zu scharfen Senfen verarbeitet werden.
Die Mischung der Sorten und der Verschrotungsgrad bestimmen die Schärfe. Die für die unverwechselbare Schärfe des Senfes verantwortlichen Stoffe werden erst beim Mahlen und der anschließenden Zugabe von Flüssigkeit aktiv.
Je nach Sorte enthalten die Senfsamen zwischen 20 und 30 % Fett, welches ausgepresst ein leichtes, goldgelbes Öl mit leicht nussigem Geschmack ergibt. Dieses kann bei der industriellen Herstellung dem Senfmehl entzogen und für medizinische Zwecke oder in der Lebensmittelherstellung verwendet werden.

Senfzutaten fertig abgewogen

Häusliche Senfherstellung

Die Senfherstellung ist noch heute sehr traditionell. In der kommerziellen Herstellung wird der Senf nach grobem Mahlen mit allen Gewürzen und Flüssigkeiten vermischt, es wird gemaischt, dadurch setzt die Fermentation ein. Nachdem sie abgeschlossen ist, vermahlen viele Profis ihren Senf noch einmal ganz fein und gönnen ihm Zeit zum Ausreifen.

Zu Hause verfahren wir ähnlich: Zuallererst wird der Senf gemahlen. Das geht mit einer Getreidemühle, einer Kaffeemühle oder jedem anderen Gerät, das mahlen kann. Je feiner der Senf gemahlen wird, desto besser wird er. Beim Mahlen ist es wichtig, dass der Samen bzw. das Mehl nicht wärmer als 30 °C werden, sonst verflüchtigen sich die Aromastoffe aus dem Senf (Mühle zwischendurch einmal abschalten). Wenn man nicht mahlen will, kann man fertig gemahlenes Senfmehl nehmen. Die in manchen Rezepten enthaltenen trockenen Kräuter kann man gleich beim Mahlen mit hinzugeben. Frisch gemahlenes Senfmehl ist qualitativ höher zu bewerten.

Beim Anrühren darf man sich ruhig Zeit lassen, guter Senf ist wie eine Melodie aus vielen Noten, die erst durch das Aneinanderreihen erklingt. Daher sind Zeit und Geduld wie immer in der Küche gute Verbündete.
Es wird solange gerührt, bis der Senf eine schöne gleichmäßige Konsistenz und keinerlei Klumpen mehr zeigt.
Ich habe die Erfahrung gemacht, dass die Senfmehle manchmal ein sehr unterschiedliches Quellverhalten an den Tag legen. Daher bin ich sehr vorsichtig mit der Zugabe der Mehle geworden. Ich füge erst einen Teil hinzu und beobachte, dann gebe ich nach und nach den Rest binnen einer Stunde hinzu.

Ganz wichtig: Den Senf angerührt ½ bis 1 Tag stehen lassen, nochmal umrühren. Erst wenn er die gewünschte Festigkeit hat, in Gefäße füllen! Nach 2 bis 4 Wochen hat der Senf seinen vollen Geschmack entwickelt.

Geräte zur Senfherstellung finden sich in jedem Haushalt. Eine Schüssel und ein Löffel zum Anrühren, eine gut funktionierende Waage – das war es schon. Wenn man selber mahlen will, dann noch eine Kaffeemühle, die nur für Senf und Gewürze verwendet wird.

Apfelsenf zubereiten

Grundrezept Tafelsenf

40 g dunkles Senfmehl, 25 g Zucker, je 1 Messerspitze Zimt, Nelkenpulver und Kardamom, außerdem 60 g gelbes Senfmehl mit 65 ml Obstessig vermischen. Der Senf wird nach einiger Zeit dick, dann eventuell nochmals Essig zugießen, bis der Senf so dick oder dünn ist, wie man möchte. Eine gute Prise Schabzigerkleepulver anstelle vom Zimt schmeckt auch sehr gut. Frischer Senf ist sehr scharf, die Schärfe baut sich mit der Zeit wieder ab.

Apfelsenf

Saure Äpfel im Backofen in der Schale backen, dann daraus 10 EL Apfelmus herstellen und mit 3,5 EL gelbem Senfmehl vermischen, dazu 4 EL Zucker geben, mit 1 TL Salz und ein wenig Anisessig verrühren. 3 Tage ziehen lassen. Ebenso ist Quittensenf zuzubereiten.

Biersenf scharf

Man benötigt 30 g gelbes Senfmehl, 1 TL Salz, 1 EL Rohrzucker, 30 ml Balsamico dunkel und 40 ml Bier. Das Senfmehl zusammen mit den Gewürzen und dem Bier in eine Schüssel geben und einige Zeit rühren, damit sich die Aromen entfalten.

Birnensenf

Einige vollreife Birnen waschen, schälen, das Kerngehäuse entfernen und mit etwas Obstessig zu weichem Mus verkochen. Das Mus durch ein Sieb passieren und mit etwas süßem Senfmehl verrühren. Auf 100 g Birnenmus 1 EL. Bitte daran denken, dass das Senfmehl noch quellen wird, daher eher zuerst weniger zugeben und eine gute Stunde zugedeckt ruhen lassen. Mit etwas Salz, einer Messerspitze Nelkenpulver und etwas Ingwer abschmecken.

Erdbeer-Minze-Senf

150 g Erdbeeren mit 25 g Rohrohrzucker, 25 ml Weißweinessig, 2 Zweige fein gewiegte Minze und 10 ml Rotwein kurz aufwallen lassen. Etwas abkühlen lassen. 30 g Senfmehl zufügen, zu einer cremigen Masse verrühren und in ein Tontöpfchen füllen. Für eine Woche im Kühlschrank reifen lassen.

Schwarzer Senf

Blütensenf

4 EL Blütenblätter (Rose, Löwenzahn, Veilchen oder fertige Mischung von Meyers Gewürze) fein wiegen und mit 1 EL Kardamom, 1 Prise gemahlenem Ingwer, 2 Wacholderbeeren, 1 Messerspitze Nelken und etwas Anis vermischen.

Nun 250 ml Wasser aufkochen und auf die Mischung gießen. 1 kleine Zwiebel in feine Würfel schneiden, ohne Fett anschwenken, mit 20 ml Weißweinessig ablöschen, 2 EL gelbes Senfmehl dazugeben und alles miteinander verrühren. 1 Lorbeerblatt in die Masse stecken und einige Tage ziehen lassen.

Erdbeersenf

150 g Erdbeeren mit 25 g Rohrohrzucker, 20 ml Balsamico und 5 ml Rotwein kurz aufwallen und etwas abkühlen lassen. 25 g Senfmehl zufügen, sehr sorgfältig verrühren, in ein Glas einfüllen, einige Tage stehen lassen.

Feigensenf

25 g gelbes Senfmehl, 2 Feigen ohne Stiel und Blütenansatz (in Würfel geschnitten), mit 4 EL Honig, 15 ml Rotwein, 20 ml Balsamico, 1 Prise Kardamom erhitzen, aufwallen lassen, pürieren und etwas abkühlen lassen. Nun etwas abgeriebene Orangenschale und das Senfmehl dazugeben, gut verrühren, in ein Tontöpfchen füllen, eine Woche im Kühlschrank reifen lassen.

Guavensenf

Von guten Guaven 150 g Mus kochen, ohne Zucker! Und abgekühlt mit 1 ½ EL Senf verrühren. Etwas Salz und Kardamom zufügen.

Honigsenf

60 g gelbes Senfmehl, 100 g cremiger Honig, 1EL Olivenöl, 2 EL Obstessig, 1 Prise Salz, etwas Kurkuma zu einer homogenen Masse verarbeiten, dabei noch esslöffelweise Doppelkaramellbier oder heißes Wasser zugeben.

Kräutersenf

50 g Senfkörner zu feinem Mehl mahlen, 50 ml Wasser, 60 ml Balsamico, 10 g frisch gehackte Kräuter, ¼ TL Kräutersalz, 20 g Honig, ¼ TL Olivenöl unterheben und lange rühren. Abfüllen, eine Woche stehen lassen.

Haussensenf

125 ml Dillessig etwas erwärmen und 60 g Kandiszucker darin auflösen. Jetzt je 30 g braunes und gelbes Senfmehl einrühren und in steinerne Töpfe füllen.

Feiner Senf

1 feingehackte Zwiebel, 1 Knoblauchzehe in Scheiben, 2 Lorbeerblätter mit 250 ml Estragonessig übergießen und einen Tag stehen lassen. Alles aufwallen lassen und durch ein Sieb geben. Nun je 15 g gelbes und braunes Senfmehl einarbeiten, dazu noch 50 g Zucker, 2 Messerspitzen Nelken, 1 Messerspitze Zimt und eine Prise Salz und Pfeffer geben. In Tontöpfchen füllen und 3 Wochen ziehen lassen.

Senf – mittelscharf

50 g gelbe Senfkörner,
5 g Salz,
1 EL Honig,
30 ml Weinessig 5%ig und
40 ml Wasser

Senfkörner in der Kaffeemühle ganz fein mahlen – sie quellen dann noch auf. Aufpassen: nicht wärmer als 30 Grad, wegen der Aromaverflüchtigung (zwischendrin Mühle ausschalten und abkühlen lassen). Senfmehl nun zusammen mit den Gewürzen und dem Wasser in eine Schüssel geben und lange rühren, damit sich die Aromen entfalten. Ist es noch zu flüssig – keine Angst, es quillt ja noch. Senföl bildet sich jetzt, welches für die Schärfe verantwortlich ist. Je länger der Senf lagert, umso milder wird er.

Ackersenf

250 ml Samen vom Ackersenf und 1 TL gelbe Senfkörner fein mahlen, 1 l Weinessig auf 30 °C erhitzen und mit dem Senfmehl verrühren, abfüllen. 7 Tage ruhen lassen.

Mit der Feinwaage Senfzutaten abwiegen

Senf – würzig süß

1 Zwiebel,
1 Knoblauchzehe,
250 ml Weinessig,
60 g Senfkörner – grob zerkleinert,
60 g Senfmehl,
2 EL Zucker,
je 1 gute Prise Salz, Nelkenpulver und 1 TL Zimtpulver,
1 ganz kleine Prise Kardamom,
1 Lorbeerblatt,
etwas Muskat

Weinessig mit dem gewürfelten und leicht angerösteten (fettlos) Knoblauch, der Zwiebel und dem Lorbeerblatt aufkochen, 4 min simmern lassen, in eine Schüssel abseihen. Zucker zugeben, auflösen. Die Gewürze und das Senfmehl zugeben, gut verrühren. Im Tontöpfchen aufbewahren.

Grüner süßer Senf

300 ml süßen hellen Traubensaft auf 100 ml reduzieren lassen und dann 30 g braunes und 20 g gelbes Senfmehl unterrühren, so dass ein dünnes Mus entsteht. Nun lässt man es über Nacht stehen, prüft die Konsistenz, schmeckt ab und füllt den Senf in Gläser.

Sardellensenf französische Art

10 g Sardellen aus dem Glas, 1 TL Kapern auch aus dem Glas, etwas Knoblauch und eine Schalotte schön klein wiegen und dann mit 1 EL gelbem Senfmehl und ein wenig heißem Wein im Wasserbad anrühren. Dann noch 1 EL Olivenöl hinzugeben und soviel Weißweinessig, bis der Senf eine mäßig dicke Konsistenz hat. In Töpfe, Gläser etc. füllen und verschließen.

Hausgemachter Senf

10 Minisenfe für einen Geschenkkorb

Alle Sorten bitte mindestens eine Woche ziehen lassen und mit einem Etikett versehen. So ergeben sie ein sehr originelles Geschenk für Senfliebhaber.

Khakisenf

1 Khaki pürieren, davon 30 g mit 10 g gelbem Senfmehl, 2 fein gewiegten Basilikumblättern, etwas Salz und 6 g Wasser vermischen.

Hagebutte-Pfefferminze

30 g Hagebuttenmus (selbst gemachtes ohne Schalen und Kerne), 25 g weißes Senfmehl, etwas Salz und 10 EL Dillessig, 1 TL fein gewiegte Pfefferminze, 1 TL Rohrzucker vermengen.

Zehn Minisenfsorten

Tomate-Oregano

20 g Tomatenmark (dreifach konzentriert), 10 g Olivenöl, 6 g gelbes Senfmehl, 2 g braunes Senfmehl, 1 g Oregano (getrocknet) und 6 g Obstessig vermischen.

Zitronensenf (auch mit Orangen möglich)

Saft einer halben Zitrone, abgeriebene Schale einer ganzen Zitrone, 2 EL Obstessig, einige kleine Blättchen Zitronenmelisse, 1 Prise Rohrzucker und 20 g Senfmehl vermengen.

Grüner Kräutersenf mit Schuss

Getrocknete Kräuter:
1 Prise Bockshornklee,
2 g Schabzigerklee,
3 Prisen Mönchspfeffer,
1 Prise Rosmarin,
2 Prisen Koriander,
2 Prisen Oregano,
1 Prise Ingwer
½ TL Rohrzucker,
4 g Olivenöl,
12 g Martini,
5 g gelbes und
7 g braunes Senfmehl,
4 g Obstessig und
3 g Wasser

Alle Zutaten sorgfältig zu einer einheitlichen Masse verarbeiten.

Knoblauch-Mandarine

2 Knoblauchzehen durch die Presse drücken, mit Saft und Schale von einer Mandarine, 5 g schwarzem und 3 g weißem Senfmehl, etwas Salz und 14 g Brennnesselessig vermischen.

Physalis mit Dill

70 g pürierte Physalis, ein kleiner Wedel Dill (fein gewiegt) mit ¼ TL Rauchsalz, 15 g weißem und 5 g schwarzem Senfmehl und 1 TL Obstessig mischen.

Toska

35 g weißes Senfmehl,
16 g braunes Senfmehl,
30 ml Aceto Balsamico,
30 ml Aceto bianco,
1 TL getrocknete Kräuter der Toskana,
1 TL Salz,
2 TL Rohrzucker, 1 TL weißer Zucker

Alle Zutaten vermengen.

Tafelsenf-Bockshornklee

Ich liebe das Gewürz: Vom Tafelsenf nach Grundrezept eine kleine Menge herstellen ohne Ingwer und Zimt, statt dessen eine ordentliche Prise Bockshornklee hinzugeben.

Hagebutte-Akazienhonig (Eberesche o. a. Fruchtmus)

30 g Hagebuttenmus, 10 g Akazienhonig,
20 g weißes Senfmehl, etwas Salz und
3 EL Dillessig

Die Zutaten zu einer gleichmäßigen Masse verarbeiten.

Ich habe eine elektronische Waage, die auch kleinste Mengen genau wiegt. So kann ich kleine Senfmengen zum Probieren herstellen.

Essig – der Vielseitige

Schon im Altertum hat man sich der Heilkräfte des Essigs und seiner konservierenden Eigenschaften bedient. Essig würzt die Speisen, kann in vielen Getränken eine geschmacksgebende Komponente sein. Dies ist besonders interessant, so finde ich, weil man ungleich viel Zucker sparen kann, denke ich nur an Sprudelwasser mit einem Schuss aromatischem Essig für die lieben Kleinen. Darüber hinaus ist Essig auch Heil-, Desinfektions-, Reinigungs- und Konservierungsmittel und findet Einsatz in kosmetischen Zubereitungen (Essigspülungen fürs Haar, Waschungen fürs Gesicht z. B.).

Neben den aus den Ausgangstoffen gewonnenen Vitaminen, die ja aufgrund der schonenden Gewinnung erhalten bleiben, enthält der Essig viele Wirkstoffe, die als Nebenprodukte bei der Gärung von Wein und Essig durch Hefen und Enzyme entstehen.
Essige enthalten 18 Aminosäuren, das ist gewaltig, denn Aminosäuren sind die Bausteine des Lebens. Weiterhin sind unter anderem Zitronensäure (Vitamin C), Kohlensäure und Vitamine der B-Gruppe enthalten.

Kräuter für Kräuteressig

Aus der Vielzahl von Essigarten seien hier genannt:

- Branntweinessig = Spritessig
- Branntweinessig mit Kräuter- oder Gewürzgeschmack
- Weinessig
- Weinessigverschnitt
- Ansatzessig: Kräuter- bzw. Gewürzessig
- Obstessig
- Bieressig
- Fruchtessig
- Kartoffelessig, Gemüseessig
- Malzessig
- Molkeessig
- Speiseessig
- Essigessenzen
- Balsamessig (Balsamico)
- Sherryessig
- Reisessig
- Dattel-, Rosinen- oder Feigenessig

Brantweinessig wird aus einem Alkohol-Wasser-Gemisch mit ca. 11 % Alkohol hergestellt, die entstehende Essigsäure wird mit Wasser verdünnt.

Das Ausgangsprodukt beim *Weinessig* ist Weiß- oder Rotwein. Man unterscheidet den Essig wie den Wein nach den Trauben, aus denen er gefertigt wird. Je besser der Wein ist, umso aromatischer und auch umso teurer wird der Essig. Echter Essig trägt die Aufschrift „aus 100 % Wein hergestellt".

Weinessigverschnitt wiederum stellt man aus Spritessig und Weißweinessig, dessen Anteil bei 40 % liegt, her. Manchmal vergärt man auch den Wein mit einer sprithaltigen Maische.

Kräuter- bzw. *Gewürzessige* sind nichts anderes als mit verschiedensten Kräutern aromatisierter Spritessig unter klangvollen Namen wie „Thymianessig".

Ausschließlich aus Obst hingegen wird der *Obstessig* gewonnen, was gar nicht so schwer ist. Die gesundheitlichen Aspekte machen den Obstessig interessant. Ganze Bücher füllt das Thema und schon Hildegard von Bingen empfahl ihn bei verschiedenen Leiden. Er kommt unter anderem zum Einsatz bei Beschwerden der Verdauungsorgane wie Durchfall, Verstopfung, Blähungen, Völlegefühl, erhöhten Blutfettwerten, aber auch bei Erkrankungen der Gelenke wie Arthrose, weil er hilft, Schadstoffe schneller auszuscheiden. Auch bei Erkältungsbeschwerden, bei Insektenstichen, Hautausschlägen und Hautunreinheiten findet er Verwendung.

Bieressig, Fruchtessig, Kartoffelessig, Malzessig und *Molkeessig* werden aus Bier, Fruchtsaft, Kartoffeln, Malzmaische und Molke hergestellt, wie die Namen schon sagen.

Speiseessig und *Essigessenz* sind chemische Zubereitungen aus Essigsäure und Wasser. Ich verwende sie nicht, natürliche Produkte mit differenziertem Geschmack ziehe ich auf jeden Fall vor.

Balsamessig (Balsamico) ist etwas ganz Feines und entsprechend teuer. Echter Balsamico wird aus Trebbiano-Trauben-Most gewonnen. *Aceto Balsamico Traditionale di Modena* ist sein klangvoller Name. Man stellt ihn nach alten, traditionell überlieferten Rezepturen her. Der Most wird eingekocht und nach einem halben Jahr der Klärung in Eichenholzfässer oder Fässer aus Esche, Kirsche, Kastanie, Robinie, Wacholder und Maulbeerenholz zur Gärung eingefüllt. Während der langen Reifezeit verdunstet natürlich ein Teil der Flüssigkeit und dann wird nicht etwa nachgegossen, nein es wird umgefüllt in ein kleineres Fass. Dadurch erhält der Essig seine samtig dunkle Farbe und wird dickflüssig. So reift er 12 lange Jahre zu einer wahren Köstlichkeit.
Und dann gibt es noch den *Aceto Balsamico Traditionale di Reggio Emilia*, der aus mehreren Traubensorten ähnlich hergestellt wird. Auch er ist etwas Besonderes, streng geprüft und teuer.

Noch etwas länger darf der *Sherryessig* reifen, der Spanier hat bis zu 45 Jahre Zeit dafür. Vorher wird der Ausgangswein der Perdo-Ximénez- oder der Muskatellrebe einer Essigoxydation mit anschließender Mischung mit 10 Jahre alten, in Eichenfässern gereiften Essigen unterzogen. Nach der anschließenden langen Reifezeit duftet er am Ende unverwechselbar nach Karamell, hat eine satte Mahagonifarbe und wird, da er sauerer ist als seine Essigkollegen, nur tropfenweise verwendet.

Eine asiatische Spezialität ist der aus Reiswein oder fermentiertem Reis hergestellte *Reisessig*. Er ist etwas milder und in seiner Heimat so gängig wie bei uns der Branntweinessig.

Ansatz Obstessig und Bieressig

Die Essigherstellung zu Hause

Für den Hausgebrauch Essig selbst herzustellen ist gar nicht schwierig und geht fast von alleine. Natürlich werden wir nie Balsamicoessige fabrizieren, das ist auch gar nicht Sinn und Zweck. Wir möchten Hausmannskost, selbst gemachte und zwar richtig.
So werden unsere Senfe und Beizen, Pasten und Saucen bei der Verwendung selbst gemachter Essige noch aromatischer, noch individueller im Geschmack.
Es gibt verschiedene Methoden und die meisten sind sehr alt, hundertfach erprobt, deshalb kann man Überliefertes nur „verschlimmbessern", wenn man an den Rezepturen grobe Veränderungen vornimmt. So will ich wiedergeben, was Großmutter in ihrem handgeschriebenen Buch stehen hatte und was sich wieder und wieder in alten Kochbüchern finden lässt und durch viel Ausprobieren doch eine persönliche Note erhalten hat.

Essig entsteht, wenn der Alkohol in einer Flüssigkeit oxidiert. Man braucht nur eine Flasche Wein offen stehen zu lassen und nach einiger Zeit wird er sauer – Essig eben. Das funktioniert natürlich nicht bei Hochprozentigem. Man nennt so etwas „Gärungsessig" und man kann ihn aus verdünntem Branntwein, Obst- und Apfelwein herstellen.

Hausmacher-Essig mit der Essigmutter

Zum Ansetzen nehme ich einen guten Weißwein oder Rotwein (möglichst ungeschwefelt, damit das Wachstum der Bakterien nicht gehindert wird), der mir auch schmeckt, denn das Aroma des Weines findet sich im Essig wieder. Diesen muss man mit Wasser vermischen, bis sein Alkoholgehalt unter 5% fällt. Meist genügt es, Wein und Wasser im Verhältnis 1:1 zu mischen.
Nun brauchen wir ein großes sauberes Gefäß aus Glas, Keramik, Holz oder säurefestem Kunststoff mit großer Öffnung, damit Sauerstoff an den Wein kommt. Geeignete Gefäße sind große Einweckgläser, die man nun endlich wieder haben kann. Für die Öffnung benötigt man dann noch einen Mulllappen, um Insekten fern zu halten. Das Behältnis wird nur maximal ¾ befüllt, damit der Ansatz atmen kann.

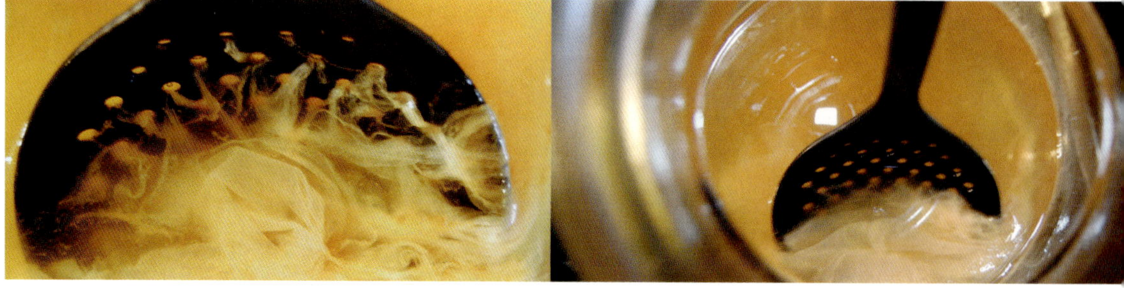

Essigmutter

Gut entwickelte Essigmutter

In der Luft befinden sich neben anderen Bakterien auch *wilde Essigbakterien*. Mit etwas Glück fühlen sie sich im Wein-Wasser-Gemisch heimisch und vermehren sich. Dabei wandeln sie den Alkohol mit Hilfe des Sauerstoffes in Essigsäure um. Man erkennt es am Duft, es fängt an, nach Leim zu riechen. Wenn man nicht auf den Zufall warten möchte, kann man sich spezielle *Reinzuchtbakterien* kaufen. Diese sind laut Hersteller weniger empfindlich und auch etwas schneller als ihre Kollegen.

Das Glas mit dem Ansatz und den eventuell hinzu gegebenen Bakterien an einen warmen Ort stellen. Gut geeignet ist Kühlschranknähe, da er genügend Abwärme produziert und diese ständig. Also sind die Bakterien vor Temperaturschwankungen geschützt. In den ersten Wochen kann man auch mal täglich am Glas rütteln, das freut die kleinen Helferlein. Etwas Honig im Ansatz tut ebenfalls Wunder.
Nach einiger Zeit haben sich die Bakterien so vermehrt, dass man deutliche Schlieren im Gebräu ausmachen kann. Keine Angst, der Essig wird nicht schlecht. Was man zu sehen bekommt, ist die *„Essigmutter"*. Sie wird, aus natürlichen Bakterien geboren, bei entsprechender Pflege wachsen und gedeihen, so dass man sie sogar teilen und verschenken könnte, wenn man jemanden hat, der das gallertartige, feuchte, bräunliche, dicke Ding zu schätzen weiß. Die Reinzuchtbakterien schaffen eine dicke Essigmutter nicht, nur dünne Fäden wie Quallen wabern durch das Glas, dafür sind sie produktiver, denn die wilden Bakterien vergären manchmal nur bis zu 4 % des Alkohols. Fertige Essige als Starter zu benutzen wird sicherlich nicht gehen, denn die meisten sind erhitzt und auch geschwefelt, um länger haltbar zu sein.

Es ist beim Ansetzen des Essigs auf Sauberkeit zu achten, alles muss heiß ausgespült werden, am besten steril gemacht, sonst bekommen wir Besuch von einer Kahmhaut, gammlig und schimmlig schwimmt sie auf dem Ansatz, den man dann leider wegwerfen muss.

Essig muss, um haltbar zu sein, mindestens 5 % Säure haben und Weinessig bitte mindestens 6%.

Unsere Essigmutter darf auch nicht austrocknen, dazu kann man das Glas vorsichtig rütteln. Mit sauberem Gerät darf sie auch untergetaucht werden. Die Essigmutter nimmt es nicht übel, wenn sie dabei in einige Teile zerfällt.

Nun braucht es etwas Geduld – meist mehrere Wochen. Wann der Essig fertig ist, könnte man anhand einer Säuremessung feststellen oder aber man orientiert sich an gekauftem Essig und lässt den eigenen dann noch etwas stehen. Verdünnen kann man ihn immer noch. Selbst angesetzte Essige enthalten immer noch ein wenig Restalkohol, den man nicht schmeckt, der aber da ist. So hat der Essig noch etwas Zeit und die Bakterien können den Rest besorgen. Ist man zufrieden mit dem Ergebnis, kann man den Essig gefiltert auf Flaschen ziehen und ruhig noch länger ablagern, damit sich das Aroma voll ausbilden kann. Das geschieht am besten im kühlen, dunklen Raum, dort stellen die Bakterien ihre Arbeit ein. So haben wir ein einwandfreies Produkt, in dem sich auch keine Essigmutter mehr bilden wird, denn zum Wachsen braucht es Wärme, nicht über 30 °C. Und die Essigmutter bewahrt man in einem Teil des hergestellten Essigs auf. Oma meinte immer, dass man etwas Essig aufheben muss, in dem sie geboren wurde.

Rosenessig

Wichtig zu wissen ist, dass selbst hergestellter Essig naturtrüb ist.

Obstessig handmade

Aus Obst lässt sich natürlich auch ein Essig ziehen.

Dazu benötigt man nur einwandfreies Obst, aus dem man, wenn es gewaschen und ordentlich verlesen ist, eine Maische herstellt, die man für ein, zwei Wochen mit einem Mulltuch verschlossen stehen lässt. In dieser Zeit findet eine alkoholische Gärung statt, die man mit etwas Weinhefe beschleunigen kann.

Ansatz für Obstessig

Nun nehme man eine kleine Probe der Flüssigkeit in ein weites Glas. 24 Stunden offen stehen lassen, dann besiedeln sicherlich bald die ersten Essigbakterien die Probe und vermehren sich. Dies gibt man dann in den Ansatz zurück – natürlich kann man auch hier wieder mit Reinzuchtbakterien arbeiten. Wieder stellen wir das Gefäß an einen warmen Ort und verschließen die Öffnung mit einem Mulltuch.

Obstessig aus guten Obstabfällen

Aus Obstabfällen (Ananas, Schalen von Kernobst) kann man auch Essig herstellen. Dafür die Schalen, Kerngehäuse, Kerne etc. klein schneiden und im Backofen oder an der Sonne trocknen lassen. Dann in einem Tontopf die getrockneten Früchte mit 1 l Wasser und 125 ml Kornbranntwein mischen, Ansatzbakterien dazugeben und ein Tuch darüber decken. Nun wieder warten, bis die Natur ihr kleines Wunder vollbracht hat und aus dem Ansatz Essig geworden ist. Das Gebräu ca. 2 Wochen ruhen lassen, ab und zu das Gefäß schütteln. Dann filtrieren und den Essig in Flaschen ziehen, verschließen und in einem kühlen, dunklen Raum lagern, wo der Essig reifen und sein Aroma entfalten wird.

Obstsaftessig

100 ml Obstsaft durch ein feines Sieb passieren, um grobe Stücke zu entfernen, gären lassen, etwas Hefe dazugeben, um den Prozess zu beschleunigen. Wenn es nicht mehr „blubbert", ist die Gärung abgeschlossen. Anschließend 1:1 mit sauberem Wasser verdünnen, 1 TL Honig dazugeben und dann wie oben beschrieben weiter verarbeiten. Wer hat schon einen selbst gemachten Ananasessig?

Bieressig/Malzbieressig

1 l Bier solange schütteln, bis die Kohlensäure heraus ist. Ansatzbakterien hinzufügen, dann in einen irdenen Topf

geben und bei Zimmertemperatur mit einem Mulltuch abgedeckt stehen lassen. Nach 3 bis 4 Wochen ist die Gärung abgeschlossen, es wird filtriert und in Flaschen abgefüllt.

Essige aromatisieren

Grundsätze

Alle Gläser und Flaschen müssen mit kochendem Wasser ausgespült werden, damit sie richtig sauber sind und keine fremden Aromen den Essiggeschmack beeinflussen oder schlimmstenfalls verderben. Bei Benutzung von Schraubverschlüssen ist es ratsam, nur solche Deckel zu verwenden, die innen eine Beschichtung aufweisen, denn die Säure kann das Metall angreifen und somit den Essig geschmacklich auch verändern.

Alle Kräuter und Früchte, die man beim Einlegen benutzt, müssen frisch, saftig und frei von Verunreinigungen sein. Welke, schadhafte oder gar schimmlige Kräuter und Früchte auf keinen Fall verwenden!
Man rechnet ungefähr 5 Zweige Kräuter auf 2 Tassen guten Essig. Wer Knoblauch genauso mag wie ich, kann je nach Kraut oder verwendeter Frucht noch eine kleine Knoblauchzehe zufügen. Zur Intensivierung der Aromen kann man die Kräuter etwas klein schneiden, bevor man den Essig ansetzt. Man kann Einzelkräuter verwenden oder aber auch in Kombination, wobei sich dann ein Kraut mit dem anderen vertragen bzw. ergänzen sollte. Beliebte Essigkräuter sind Basilikum, Rosmarin, Estragon – der Klassiker, Dill, Fenchel, Salbei, auch Blüten von Rosen und Lavendel und Beerenobst geben aromatischen Essig ab.

Wenn Sie Essig ansetzen wollen, dann verwenden Sie wirklich nur das Beste, was Sie bekommen können, die Ergebnisse werden dem Einsatz Rechnung tragen. Am besten geht es meines Erachtens immer noch mit Omas Favorit: Weißweinessig.
Kräuter, Früchte, Nüsse in das saubere Gefäß geben. Den Essig entweder bis zum Siedepunkt erhitzen und heiß über die Einlage gießen oder alternativ kalt dazugeben. Anschließend den Deckel fest verschließen und dem Essig Zeit geben, die Aromen aus dem Ansatz zu ziehen. Dazu das Gefäß an einen kühlen, dunklen Ort stellen, so bleiben Aromen und Farben optimal erhalten. Die Auszugszeit beträgt etwa einen Monat. Alle 3 bis 4 Tage einmal sanft schütteln, um sicher zu gehen, dass alle Bestandteile mit Essig befeuchtet werden. Nachdem der Auszug beendet ist, den Essig filtrieren und in schöne Flaschen füllen. Man kann aber auch besonders dekorative Kreationen ungefiltert lassen. Aromatisierte Essige sind im kühlen Dunkel aufbewahrt ca. 3 bis 6 Monate haltbar.

Anisessig

100 ml Weißweinessig aufkochen, mit 10 Basilikumblättern, 1 Messerspitze Anis, 1 Messerspitze Nelken und ½ TL Sternanis ansetzen. Nach 4 Wochen filtrieren und in eine Flasche füllen.

Himbeeressig nach Omas Art

1 kg Himbeeren mit 750 ml Wasser und 80 ml gutem Weißweinessig übergießen. 24 Stunden ruhen lassen. Dann den Saft durch ein Leinentuch abseihen. Pro 1 l Saft 300 g Zucker zugeben und alles aufkochen lassen. Den Schaum abschöpfen und den Essig heiß in saubere Flaschen abfüllen.

Aus einem Teil Saft und zwei Teilen Selterwasser kann man Himbeerlimonade herstellen.

Knoblauchessig

Auf 1 l Obstessig 6 Zehen Knoblauch und ein kleines Kräutersträußchen aus Salbei, Thymian und Dill geben. 3 Wochen ziehen lassen.

Bärlauchessig

Ein Schraubglas zu zwei Drittel mit klein gehackten Bärlauchblättern füllen, mit Obstessig auffüllen und 10 Tage ziehen lassen.

Ackersenfessig

120 g Ackersenfsamen aus der Apotheke mit 250 ml Weißweinessig, 2 Pimentkörnern und 2 Blättern der schwarzen Johannisbeere ansetzen. Die Körner im Mörser etwas anquetschen. 1 Woche durchziehen lassen.

Blütenessige

200 ml Weißweinessig,
eine gute Handvoll Kelchblütenblätter von Rosen, Apfel, Löwenzahn, Taubnessel, Klee etc.)

Die Blütenblätter in ein großes Einmachglas füllen und mit dem Weißweinessig aufgießen, sodass die Blüten schwimmen. Das Glas fest verschließen und bis zu 3 Wochen an einen warmen Ort stellen, dabei täglich schütteln.

Abgefüllter Essig beim Nachreifen

Nach dem Auszug filtrieren, in eine Flasche füllen, beschriften, kühl und dunkel aufbewahren.

Man kann die Blüten auch noch mal drücken, bevor man sie locker in das Glas einlegt, gerade Rosenblätter „wehren" sich eine Weile gegen den Auszug mit dem Essig, es perlt immer wieder ab.

Gewürzessig

Auf 500 ml guten Obstessig je ½ g Ingwer, Nelken, Piment, Koriander und schwarze Senfsamen geben und 4 Wochen stehen lassen.

Malzessig

25 ml Essigessenz, 100 ml Wasser, 75 g Gerstenmalzextrakt und 50 g Rohrzucker zusammen aufkochen, abfüllen.

Pflaumenessig mit Nelken

200 g entsteinte Pflaumen mit 500 ml kochendheißem Obstessig und 1 Msp Nelkenpulver ansetzen. Nach einem Tag, wenn das Aroma ausreichend ist, abseihen, filtrieren und in Flaschen füllen.

Die Kerne der Zwetschgen und Pflaumen können in Flaschen gefüllt und mit Wodka aufgegossen werden. Man rechnet 60 g Kerne auf 500 ml Wodka. Nach einer Standzeit von 2 Monaten (mit gelegentlichem Schütteln!) 275 g Puderzucker in 600 ml Wasser aufkochen und mit dem filtrierten Ansatz vermischen. Dann hat man einen vorzüglichen Amaretto-Likör, den man mit etwas pulverisiertem Rohrzucker abrunden kann.

Varianten

- 250 g Kirschen zerdrückt mit 1 Zweig Minze auf 500 ml Obstessig
- 250 g Sauerkirschen mit Muskat auf 500 ml Obstessig
- Apfel mit Melisse: 1 großer Apfel und 15 Blättchen Zitronenmelisse auf 1 l Obstessig

- Erdbeere mit Chili: 1 rote ungarische Chilischote, 2 grüne Chilischoten, 2 Knoblauchzehen und 1 EL Pfefferkörner bunt auf 1 l Weißweinessig
- 300 g Brombeeren mit grünem Pfeffer auf 500 ml Obstessig
- Roter Essig: 60 g Himbeeren und 4 angequetschte Wacholderbeeren auf 1 l Obstessig
- 1 Nektarine und 2 Pfirsiche mit 1 Sternanisfrucht auf 500 ml Obstessig
- 10 getrocknete Feigen, 10 g Himbeeren und 1 Knoblauchzehe auf 500 ml Weißweinessig
- 10-15 g duftende Blütenblätter (wie beim Sirup) auf 1 l Weißweinessig

Anstelle des frischen Obstes kann man auch gefrorenes nehmen, das ohne Auftauen angesetzt werden kann.

Weihnachtsgewürzessig

Auf 300 ml Weißweinessig die abgeriebene Schale von 1 unbehandelten Orange, 1 Zimtstange, 2 Sternanis, 2 Nelken und 1 Pimentkorn geben. Die Auszugszeit beträgt eine Woche.

Kirschessig mit Minze oder Basilikum

200 g entsteinte Pflaumen mit 250 ml Obstessig und 5 Basilikumblättchen oder einem kleinen Zweig Minze sowie 1 EL Honig ansetzen. Nach einem Tag, wenn das Aroma ausreichend ist, abseihen, filtrieren und in Flaschen füllen.

Veilchenessig

2 EL Kelchblätter mit 200 ml Weißweinessig übergießen und 2 Wochen an einem dunklen, kühlen Ort ziehen lassen.

Deluxe – Essiggeschenk

frische Basilikumblätter vom Strauch oder Töpfchen,
4 kleine getrocknete Lorbeerblätter,
5 ganze Pimentkörner,
1 TL Senfkörner,
1 El bunte Pfefferkörner,
etwas frischer Oregano,
1 Zweig Rosmarin,
3 ganze Nelken,
Thymian,
1 kleine Knoblauchzehe,
5 Him- oder Walderdbeeren,
einige Korianderkörner

Alle Zutaten nacheinander dekorativ in einer schönen 250-ml-Flasche arrangieren und mit Rotweinessig aufgießen. Alternativ geht auch Weißweinessig. Zum Ausreifen kann man diesem Essig ruhig 6 Wochen Zeit geben.

Wacholderessig

Auf 250 ml Weißweinessig 7 Wacholderbeeren und 6 Brombeeren geben, 3 Wochen ziehen lassen.

Vogelbeerenessig

1 Dolde Vogelbeeren einfrosten, mit 1 Dillblüte, 2 Pimentkörnern und 1 kleinen Stück Ingwer in 300 ml Weißweinessig einlegen. Der Ansatz kann ruhig in der Flasche bleiben. Sieht sehr schön aus.

Heuessig

1 Handvoll Bergwiesenheu (garantiert ungedüngt und nitratfrei) mit 500 ml Weißweinessig für 5 Tage bei Zimmertemperatur ausziehen und anschließend filtern.

Schäferessig

10 g Borretsch, 10 g Kerbel, 10 g Kresse, 10 g Petersilie, 10 g Pimpinelle, 10 g Sauerampfer, 10 g Schnittlauch, 5 g Schafgarbe mit 300 ml Weißwein für 1 Woche ausziehen. Dann kosten, ob das Aroma stark genug ist und filtrieren.

Walnussessig

2 EL Walnüsse ohne Fett in einer antihaftbeschichteten Pfanne anbräunen, bis sie richtig gut duften. Dann mit 100 ml mildem Essig pürieren und in einem Glas 1 Woche stehen lassen. Danach filtrieren und eventuell noch etwas Weißwein zugeben.

Beliebt für Getränke und Süßspeisen – Sirup

Grundzubereitung

- 1,3 kg Zucker auf 1 l Fruchtsaft
- 1,5 kg Zucker auf 1 l Auszug von Blüten oder Kräutern
- mit 30 bis 50 g Zitronensäure auf 1 l fertigen Sirup säuern

Aus Kräutern bzw. Blüten einen wirklich sehr starken Aufguss bereiten und zu Sirup weiter verarbeiten. Der Ansatz darf 2 Tage bis 1 Woche ausziehen, immer wieder umrühren. Dabei den Sirup auch mal kosten. Wenn er kräftig genug ist, den Sirup filtrieren, aufwallen lassen und abfüllen.

Warmlöseverfahren

Die abgemessene Menge Fruchtsaft bzw. Auszug wird erwärmt und darin nach und nach unter beständigem Rühren der Zucker aufgelöst. Nach dem Abfüllen (bei einer Temperatur von ca. 80 °C) wird die Flasche umgedreht. Das nennt man Deckelpasteurisation. Dann sollte man den Sirup möglichst rasch herunterkühlen, was vorteilhaft für Farben und Aromen ist.

Bei Verwendung von Zitronensäure bitte die „echte" in der Apotheke besorgen.

Kaltlöseverfahren
Dieser Sirup ist hochwertiger und geschmacksintensiver. Allerdings dauert das Auflösen des Zuckers immer länger, je mehr Zucker schon gelöst ist. Hier gebe ich ein Päckchen Einmachhilfe dazu, das ist mir sicherer, bevor alles verdorben ist. Nach der Filtration kurz aufwallen lassen – was sich dann leider wieder nachteilig auf die Aromen und Farben auswirkt.

Geeignetes Ansatzbehältnis
Es sollte leicht zu reinigen sein und eine große Öffnung zum Befüllen und Entleeren haben. Etwas zum Verschließen wäre auch noch gut, wegen ungebetener Gäste. Ich bin im Besitz von 3 großen Glasgefäßen mit einem Volumen von 5 Litern, welche sich auch wunderbar zum Molke ansäuern eignen.

Früchte zur Sirupbereitung

- Blutorangen
- Heidelbeeren
- Himbeeren
- Johannisbeeren
- Kirschen
- Mohn
- Orangen
- Rhabarber
- Stachelbeeren
- Trauben
- Zitrusfrüchte

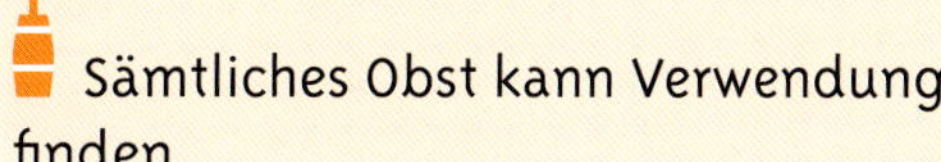

Sämtliches Obst kann Verwendung finden.

Geeignete (duftende) Blüten

- Akazien
- Flieder
- Frauenmantel
- Hibiskus
- Holunder
- Hortensien
- Jasmin
- Kastanienblüten
- Kirschblüten
- Lavendel
- Lilienblüten (Achtung Naturschutz)
- Löwenzahn: sehr lecker
- Lupinen
- Mädesüß
- Malven
- Mandel
- Minze
- Mohn
- Nachtkerzen
- Orchideen
- Ringelblumen
- Rosen (auch Heckenrosen)
- Schlehdorn
- Sommerflieder
- Veilchen (Nur wer richtig dicke Rabatten sein Eigen nennt, sollte es mit Veilchen versuchen.)
- Wilde Wicken
- Weißdorn
- Zitrusblüten

Löwenzahnhonig zubereiten

Kräuterliste

- Andorn
- Engelwurz
- Fenchel
- Huflattich
- Lavendel
- Melisse
- Minze
- Pfefferminze
- Rosmarin
- Salbei
- Süßholz
- Thymian
- Verbene
- Ysop
- Zitronenmelisse etc.
- außerdem Tee-Mischungen (z. B. Apfeltee, Kräuterteemischungen, etc.)

Dann natürlich alle Arten von Fruchtsäften, und eben auch alles Obst, das zur Fruchtsaftgewinnung benutzt wird. Hier kombiniert man wie bei Marmeladen und Gelees nicht nur Frucht mit Frucht, sondern auch Frucht mit Kräutern oder Gewürzen, z. B. Apfel mit Thymian.

Sirup erhält man auch von Zwiebeln und Rettichen. Diese Sorten wirken bei Husten therapeutisch.

Zwiebelsirup

Zwiebeln fein hacken, in ein Glas mit Schraubdeckel füllen, eine Hand voll Zucker obenauf streuen, zudrehen und schütteln. Dann muss man eine Weile – in der Regel wenige Stunden – warten, bis sich der Sirup bildet.

Rettichsirup

Einen großen schwarzen Rettich aushöhlen und mit Kandiszucker füllen. Dann mit der dünnen Spitze nach unten in ein Gefäß hängen, sodass der Sirup unten herauslaufen kann.

Von beiden gab uns Oma über den Tag verteilt hin und wieder einen Esslöffel voll. Und dazu legte sie uns Butterpflaster auf.

Butterpflaster

Die Brust und der Rücken werden mit guter Butter bestrichen und mit einen alten Handtuch abgedeckt. Dann mit einem Schal oder Mullbinden umwickeln, damit das „Butterpflaster" hält. Bettruhe!

Granatapfelsirup zubereiten: Kerne entnehmen und entsaften

Außerdem kann man fertige blanke Zuckerlösungen und bereits fertige Sirupe (z. B. Minzesirup) noch zusätzlich mit einigen Tropfen ätherischer Öle aromatisieren. Hier bitte Vorsicht walten lassen: Zuviel ist ungesund. Bitte immer daran denken, dass ätherische Öle Hochkonzentrate sind.

Honigsirup

Auf 1 kg Honig ½ l guten Essig geben und auf Sirupdicke einkochen. Mit Mineralwasser (1:8) zu Limonade verdünnt sehr erfrischend für Fiebernde.

Sirup von Blutorangen

4 Blutorangen auspressen, dann mit 500 ml Wasser, 2 kg Zucker und 60 g Zitronensäure mischen. Ca. 1 Tag ziehen lassen, hin und wieder umrühren, bis sich der Zucker löst. Anschließend in Flaschen umfüllen.

Granatapfelsirup

2 große Granatäpfel entkernen. Die Kerne mit dem Fleischklopfer etwas drücken und in einen Tiegel geben. Mit 20 ml Wasser und 1 EL Apfelessig aufkochen, den Saft herausdrücken und abwiegen, die doppelte Menge Zucker (¼ Rohrzucker) dazugeben, alles in ein großes Glas geben und verschlossen ins Wasserbad stellen. Nun solange erhitzen, bis der Zucker vollständig aufgelöst ist. Den Schaum abschöpfen und den fertigen Sirup in Flaschen füllen.

Kräutersirup

6 Hände voll zerkleinerter Kräuter mit 500 ml heißem Zuckersirup aufgießen und das Ganze etwa 24 Stunden stehen lassen. Dann abseihen und in Flaschen füllen.

Sirup von Holderblüten – fruchtig

4 kg Zucker in 2 l abgekochtem Wasser auflösen und abkühlen lassen. 50 g Zitronensäure und zur Sicherheit (wer möchte) 1 Pck. Einmachhilfe unterrühren. 4 Bio-Orangen und 2 Bio-Zitronen in Scheiben geschnitten, sowie 40 Holunderblüten ohne Stiel hinzufügen. Das Ganze umrühren und 4 Tage stehen lassen, dann durch ein Haarsieb abseihen. Wer es nicht naturtrüb mag, filtriert den Sirup. Kurz aufkochen und in saubere, kochend heiß ausgespülte Flaschen füllen, zuschrauben und hinlegen. Während des Abkühlens bei Schraubverschlüssen immer mal den Deckel nachziehen und die Flaschen drehen.

Ein Beutel Einmachhilfe ist ausreichend für 5 kg Einmachgut.

Sirup von Holderblüten – herb

100 g Zitronensäure mit 3 kg Zucker in 2 l heißem Wasser auflösen. 25 Blütendolden ohne Stiel hinzufügen. Abkühlen und 24 Stunden ziehen lassen. Abseihen, aufkochen und in kochend heiß ausgespülte Flaschen abfüllen. Hinlegen, ab und zu drehen. Den Deckel bei Schraubverschlüssen während des Abkühlens nachziehen.

Holunderblütengetränk

Sirup von Rhabarber

700 g gewaschenen und in Stücke geschnittenen Rhabarber mit 2 ½ Tassen Wasser zum Kochen bringen. Auf kleiner Flamme 30 min köcheln lassen. Aufpassen, dass nichts anbrennt. Wird der Rhabarber musig, durch ein Haarsieb streichen, um viel Saft zu bekommen. Saft wieder in den Topf geben. 4,5 Tassen Zucker (Brauner = herb und dunkle Farbe, weißer = Farbe rosa und milder) zufügen und weiter köcheln, bis der Zucker ganz aufgelöst ist. Aufkochen und in kochend heiß ausgespülte Flaschen abfüllen. Hinlegen, ab und zu drehen. Außerdem den Deckel während des Abkühlens bei Schraubverschlüssen nachziehen.

Waldmeister

Zitrussirup

Sirup vom Waldmeister

4 Büschel Waldmeister vor der Blüte, etwas anwelken lassen. Einen Sirup von 3 kg Zucker, 2 l Wasser und 100 g Zitronensäure kochen und abkühlen lassen. Waldmeister hineinhängen (die Stielenden bleiben an der Luft), den Topf zugedeckt für ein paar Tage kühl stellen. Danach das Kraut entfernen. Noch mal kurz heiß werden lassen und in saubere Flaschen abfüllen.

Wer mag, kann den Sirup auch noch färben.

Ingwersirup/Gingeralesirup

100 g frischen Ingwer klein schneiden, mit 200 g Zucker in einem Topf vermischen, den Saft von 1 Zitrone darüber träufeln und einen Tag stehen lassen. Nun mit 200 ml Wasser aufgießen und den Ingwer weich kochen. Nun 4 Tage ziehen lassen, dann abseihen, bis zur Sirupdicke einkochen und kochendheiß in saubere Flaschen füllen.

Karamellsirup

100 g Zucker in eine antihaftbeschichtete Pfanne geben und vorsichtig goldbraun karamellisieren lassen. 1 EL Rübensirup hinzugeben, etwas abkühlen lassen und mit 150 ml Wasser vorsichtig ablöschen. Dann bei wenig Hitze umrühren, bis sich alles aufgelöst hat, und das Ganze in eine Flasche füllen.

Gezuckerte Rosenblätter

Mandelsirup

70 g süße und 8 g bittere Mandeln mit heißem Wasser überbrühen und häuten (einfach zwischen Daumen und Zeigefinger nehmen und drücken, dann springt die Schale auf).
Dann die Mandeln unter fließendem Wasser waschen und sehr fein pürieren. Darauf 280 ml Wasser geben und die Masse 2 Tage stehen lassen. Anschließend entsaften. Nun die so gewonnene Mandelmilch mit 390 g Zucker vermischen und kurz aufwallen lassen. Dann 2 EL Orangenblütenwasser zugeben und noch heiß in saubere Flaschen füllen.

Man kann auch gemahlene Mandeln verwenden.

Veilchensirup

100 g Blütenkelchblätter mit 150 ml kochendem Wasser übergießen und mit 325 g Zucker 24 Stunden stehen lassen, dabei gelegentlich umrühren, damit sich der gesamte Zucker löst. Nun abseihen, filtrieren und mit 170 ml Wasser auffüllen. Alles kurz erhitzen und in saubere Flaschen füllen.

Sirup von Steviablättern

50 g Steviablätter mit 200 ml Wodka aufgießen und 24 Stunden ziehen lassen. Dann auf kleiner Flamme zum Sirup einkochen.

Zum Andicken verwende ich Xanthan, ein natürliches Geliermittel ohne Eigengeschmack (0,1 bis 1 % der Gesamtmenge zugeben). Vorsichtig dosieren, man will ja keinen Pudding!

Zitronensirup

6 unbehandelte, in sehr dünne Scheiben geschnittene Zitronen in ein Gefäß geben, 2 kg Zucker und 1 l heißes Wasser zugießen und das Ganze 2 bis 3 Tage stehen lassen. Danach filtrieren und in Flaschen füllen.

Essenz aus Zitrusfrüchten

Diese Anleitung funktioniert mit Orangen, Limetten, Zitronen, Mandarinen etc.

Man kocht aus 1 l Wasser und 1,5 kg Zucker einen dicken Sirup, den man mit 30 g Zitronensäure versetzt. Von den gewaschenen, sauberen Zitrusfrüchten die Schale abreiben und in den Sirup geben. Die Früchte auspressen, den Saft abmessen und zum Sirup geben, ggf. die Zuckermenge etwas erhöhen. Die Anzahl der Früchte variiert je nach Größe. Ich nehme lieber zuviel als zu wenig:

6-8 Orangen, 10-12 Zitronen,
12-14 Limetten, 5-6 Grapefruit

Bei Mandarinen würde ich die Hälfte Sirup kochen und 15-20 Mandarinen verarbeiten. Die Schalen lasse ich dann noch 1 Woche ziehen, dann wird alles durch ein Sieb gegossen, noch mal erhitzt und in kleinere vorbereitete Flaschen abgefüllt.

Zuckerrübensirup

Einige Zuckerrüben ordentlich waschen und anschließend mit dem Küchenhobel in Streifen schneiden. Nun mit wenig Wasser kochen, bis die Rübenschnitzel weich sind.
Die Rüben durch ein Sieb passieren und solange einkochen, bis die Flüssigkeit sirupartig geworden ist.

Für empfindliche Früchte wie z. B. Erdbeeren hier eine aromaschonende Methode.

Aus 2,5 kg Zucker und 500 ml Wasser einen Sirup kochen. 15 g Zitronensäure darin auflösen. 300 g tadellose Erdbeeren einlegen und vom Ofen nehmen. 1 Stunde ziehen lassen und dann den Sirup abgießen, die Beeren NICHT zerquetschen. So erhält man einen klaren Sirup. Die übrig gebliebenen Früchte zu Marmelade einkochen.

Erfrischende Fruchtsäfte

Das ausgewogene Verhältnis zwischen Zucker und Fruchtsäuren ist das Geheimnis erfrischender fruchtiger Säfte. Man gewinnt den Saft durch Dampfentsaften oder durch Auspressen. Man kann die Säfte frisch genießen oder einkochen. Beim Dampfentsaften die kochend-heiße Flüssigkeit in vorbereitete Flaschen geben und fest verschließen.

Klarer Erdbeersaft

1 kg Walderdbeeren mit 250 g Zucker vermischen und 2 Tage stehen lassen. Dann den Saft der Beeren durch ein Leinentuch abtropfen lassen, dabei die Beeren nicht drücken. Den so gewonnenen Saft in Flaschen füllen und einkochen. Aus den Beeren kann man dann eine Marmelade kochen.

Ananassaft

Aus Schale und Strunk (von Bio-Ananas) lässt sich ein schöner Saft zaubern: 250 g gut gewaschene, klein geschnittene Schalen mit ebensoviel Wasser weich kochen. Achtung: Immer wieder Wasser nachgießen! Abschließend die Ananas entfernen, filtrieren und soweit reduzieren lassen, bis der

Saft ordentlich nach Ananas schmeckt. Den Saft dann mit Zucker abschmecken oder zu Sirup einkochen.

Sanddornbeerensaft

Sanddornbeeren abwiegen und mit der gleichen Menge Wasser aufkochen. Warten, bis die Beeren Saft bilden, alles durch ein Sieb passieren und verdünnen. Dann abwiegen, mit knapp der halben Menge Zucker aufkochen und heiß in saubere Flaschen füllen.

Granatapfelsaft

2 große Granatäpfel entkernen, Kerne mit dem Fleischklopfer platt drücken, anschließend in ein Sieb geben und den Saft herausdrücken. Den Saft mit Zucker abschmecken und in ein Glas geben, welches dicht verschlossen werden kann. Einkochen oder kochend heiß in Flaschen füllen und sofort verschließen. Stark verdünnt genießen.

Mehrfruchtsaft 1 – Entsafter

5 Kiwi schälen und vierteln, 3 Orangen und 5 Mandarinen schälen, alles Weiße entfernen. 2 Mango und eine Handvoll Johannisbeeren in den Entsafter geben. Mit stillem oder kohlesäurehaltigem Mineralwasser wie gewünscht verdünnen und 1 EL Honig zugeben.

Mehrfruchtsaft 2 – Entsafter

5 Äpfel und 5 Birnen ohne Kerngehäuse vierteln, 6 Pfirsiche entkernen und vierteln, durch den Entsafter geben und mit Mineralwasser verdünnen. Honig nach Belieben.

Mehrfruchtsaft 3 – Entsafter

200 g Erdbeeren, 4 Äpfel, 2 Orangen, 2 Aprikosen waschen, verlesen, Kerne und Kerngehäuse entfernen und entsaften. Süßen mit Honig und verdünnen mit Mineralwasser nach Belieben.

Mehrfruchtsaft 4 – Entsafter

Äpfel und Erdbeeren im Verhältnis 2:1 entsaften, 1 Banane pürieren und das Ganze mit Mineralwasser etwas verdünnen und mit Honig süßen.

Mehrfruchtsaft 5 – Entsafter

2 Grapefruit, 1 Limette, 3 Orangen, 100 g Himbeeren entsaften, verdünnen und nach Geschmack süßen.

Mehrfruchtsaft 6 – Entsafter

Orange, Mango und Apfel im Verhältnis 2:1:2 entsaften, Saft abmessen und mit ¼ der Menge mit Apfelschorle aufgießen.

Feine Liköre

Eckdaten, gesetzliche Bestimmungen, Hygiene

Der Ursprung der Likörherstellung liegt wohl in Italien. Liköre werden bereits seit dem 13. Jahrhundert produziert. Sie sind zu Recht sehr beliebte Spirituosen, da sie sich mit Phantasie und Kreativität selbst herstellen, bzw. verbessern und dem individuellen Geschmack wunderbar anpassen lassen, nur der eigene Geschmack setzt die Grenzen.

Unsere selbst gemachten Liköre und Geister sind Mischgetränke. Sie bestehen zum größten Teil aus Wasser, Alkohol, Zucker, Sirup oder Invertzucker sowie aus geschmacksgebenden Stoffen wie Gewürzen, Früchten, Fruchtsäften, Fruchtteilen, Kräutern sowie natürlichen und naturidentischen Aromen. Bei der häuslichen Herstellung sollte man folgendes beachten:

- Oberstes Gebot ist die Hygiene, wir wollen ja nicht, dass alle Mühe vergeblich war. Nur peinliche Sauberkeit ist Garant für ein genießbares Erzeugnis.

- Außerdem verarbeiten wir nur solche Zutaten, die wir genau kennen oder aber von fachkundiger Stelle erworben haben.

- Alle gesammelten Rezepte sollen ausschließlich dem privaten Genuss dienen – für kommerzielle Zwecke sind sie nicht geeignet. Nach dem Gesetz dürften wir unsere Selbstgemachten ja nicht einmal Likör nennen, weil sie den Bestimmungen nicht entsprechen. In den Rezepten behalten wir die Bezeichnung aber bei, damit jeder weiß, was gemeint ist, so ist es einfacher.

Ansetzen

Reiner unvergällter Alkohol mit 96 vol% – auch *Weingeist* oder *Primasprit* genannt – aus der Apotheke eignet sich wunderbar zum Ansetzen. Man verdünnt ihn entsprechend und stellt so den ungefähren Alkoholgehalt her. Etwas Rechnerei ist angesagt. Der Vorteil von Primasprit ist seine Geschmacksneutralität und sein Vermögen, Wirkstoffe und Aromen aus dem Ansatzgut leicht herauslösen zu können. Allerdings – und dies ist ein entscheidender Nachteil: In der Apotheke ist er sehr teuer. Natürlich

gibt es auch Onlineshops, wo man ihn günstiger bekommen kann – Preise vergleichen lohnt sich auch hier.

Alternativ zum Weingeist kann man guten *Wodka* verwenden, auch er ist geschmacksneutral und verfälscht somit das geschmackliche Gesamtergebnis nicht. Darüber hinaus darf auch ein sehr guter *Korn* zur Anwendung kommen, oder man mischt beides miteinander. Manch einer nimmt auch *Arak*, *Grappa*, *Tequila*, *Rum* oder gar *Weinbrand*. Ich nehme für meine Ansätze und Auszüge stets Wodka.

Viele Rezepturen gewinnen durch die Zugabe von Zucker, wobei bei manchen Likören, wie dem Kokossahnelikör, ruhig *Rohrzucker* genommen werden sollte, da die Verwendung desselben die geschmacklichen Besonderheiten noch unterstreichen kann. In der Regel kommt *Haushaltszucker* von feiner bis mittlerer Körnung zum Einsatz. Aber auch die Verwendung von *Kandiszucker*, *Honig*, *aromatisiertem Zucker* (Vanillezucker, Mädesüßzucker – den man selber herstellen kann), *karamellisiertem Zucker* oder *Invertzucker*, welchen man auch flüssig erwerben kann, bietet sich an. Dass sich Zucker in Wasser oder Säften besser löst als in Alkohol, wissen sicherlich die meisten. Also erfordert es einige Geduld, und wie alles, was richtig gut werden soll, dürfen unsere alkoholischen Erzeugnisse soviel Zeit zum Reifen haben, wie nötig.

Romantik am Weitnauer Wasserfall

Ein guter Likör gewinnt durch entsprechende Lagerzeiten. Auch die Ansatzzeit selbst spielt keine unwesentliche Rolle.

Mit *Glukosesirup* kann man die Sämigkeit des Likörs beeinflussen. Man kann ihn fertig in der Apotheke, beim Bäcker oder auch im Internet kaufen. Natürlich lässt er sich auch selbst herstellen. Mir gefällt diese Methode, da ich Geld spare und dann wirklich alles „handgemacht" ist.

Und so geht´s:

Glukosesirup

1 kg Traubenzucker in 1 l Wasser bei mittlerer Wärmezufuhr langsam auflösen. Von der Konsistenz her ist dieser Sirup einem normalen Fruchtgetränke-Sirup ähnlich und löst sich gut in allen Flüssigkeiten. Fleißig umrühren nicht vergessen.

Zuckersirup (für Likörzubereitung)

1 kg Zucker in einen mehr als 1 Liter fassenden Messbecher geben und mit soviel heißem Wasser aufgießen, bis das Wasser bei der 1-Liter-Marke steht. Vorsichtig umrühren, bis sich der Zucker gelöst hat.
Die Konsistenz des Sirups ist mit dickem Honig vergleichbar, allerdings löst er sich schlecht in kalten Flüssigkeiten. 1 ml Zuckersirup entspricht fast 1 g Zucker.

Das Ansatzgut

Früchte: Am besten verwendet man vollreife Früchte, sofern man einen Garten hat. Man erntet sie am Morgen. Oder man lässt gekaufte, vorzugsweise aus biologischem Anbau, noch einige Tage zum Nachreifen liegen. Bitte nach dem Einkaufen gut abwaschen und schadhafte Exemplare gleich von vornherein aussortieren. Je nach Rezept weiter verfahren.

Beim Sammeln beobachtet: Tagpfauenauge

Kräuter: Sammelt man selbst Kräuter, dann bitte nur jene, die man kennt und sicher bestimmen kann. Anfänger sind bestens beraten, sich die Kräuter im Handel zu besorgen. Freilich sind sie dann nicht so taufrisch, aber Verwechslungen können böse, sogar tödliche Folgen haben. Das, was man gemeinhin mit dem großen Oberbegriff „Kräuter" bezeichnet, sind medizinisch hochwirksame Heilpflanzen, deshalb ist es unabdingbar, sich vor dem Sammeln der Pflanzen ausführlich über das Aussehen und unter Umständen giftige Doppelgänger zu informieren. Darüber hinaus ist es ebenso wichtig zu wissen, welche Teile der Pflanze verwendet werden können und – das ist immens wichtig – welche Wirkung sie auf den Organismus haben.

Weiterführende Informationen und Buchempfehlungen siehe Literaturverzeichnis Seite 128.

Sammeltipps

- Man sammelt grundsätzlich fernab von viel befahrenen Straßen und Industriegebieten und niemals von frisch gedüngten Feldern und Wiesen. Am besten erntet man um die Mittagszeit bei schönem, trockenen Wetter die sauberen, trockenen Pflanzen.

- Wurzeln erntet man am frühen Morgen oder späten Abend, da die Wirkstoffkonzentration dann am höchsten ist. Dies ist wichtig, wenn man Heilgeist ansetzen möchte.

- Selbstverständlich lässt man alle Pflanzen stehen, die unter Naturschutz stehen, sammelt nur soviel ein, wie man verwenden wird und „räumt" einen Fundort auch niemals komplett aus.

- Die Pflanzen werden immer geschnitten (niemals abgerissen) und getrennt voneinander in einem Sammelkorb ohne Druck zwischengelagert.

Sammelkalender

Die nachfolgende Tabelle zeigt nur den Sammelmonat an, natürlich ist das Wachstum auch von den klimatischen Bedingungen der Gegend abhängig.

Sammelkalender für Heilkräuter

Hier habe ich die mehr oder weniger bekannten Kräuter aufgeführt.

Pflanze	1	2	3	4	5	6	7	8	9	10	11	12
Ackerschachtelhalm | Kraut						x	x					
Alant | Wurzel			x	x				**x**	**x**			
Andorn						x						
Arnika-Blüten						x	x					
Augentrost | blühendes Kraut						**x**	**x**	**x**	**x**	x		
Baldrianwurzel									**x**	x		
Bärentraubenblätter			x	x	x	x						
Bärlappsporen							x	x				
Bärlauch			x	x	x			x				
Beifuß							x					
Beinwell				x	x				x	x		
Berberitze | Früchte								x	x			
Bibernelle | Wurzel			x	x					x	x		
Birkenblätter					x	x						
Birkenblätter-Saft			x									
Bitterklee					x	x						
Blutwurz | blühendes Kraut				x								
Bockshornkleesamen							x	x				
Bohnenkraut mit Blüten						x	x	x				
Borretschblätter/Blüten							x	x				
Breitwegerich				x	x	x						
Brennnesselblätter				x	x	x	x					
Dost						x	x	x				
echte Kamille						x						
echte Nelkenwurz			x			x						
Ehrenpreis | blühendes Kraut					x	x						
Eibischwurzel			x	x								
Engelwurz | Wurzel			x	x					x	x		
Fichtensprossen			x	x								
Frauenmantel			x	x	x	x						

Pflanze	1	2	3	4	5	6	7	8	9	10	11	12
Fünffingerkraut						x						
Gänseblümchen		x	x	x	x	**x**						
Gänsefingerkraut				x	x	x						
Giersch			x	x	x							
Goldnessel				x								
Große Brennnessel			x	x	x	x						
Große Klette Wurzel									x	x	x	
Gundermann | Gundelrebe			x	x	x	x						
Guter Heinrich				x	x							
Heckenrosen | Hagebutte						x			x	x		
Hirtentäschel			x	x	x	x	x	x	x	x		
Holunderblüten				x	x							
Huflattich		x	x	x		x						
Hunds-Heckenrose						x						
Isländisches Moos				x		x						
Johanniskraut						**x**						
Kamillenblüten					x	x						
Kerbelkraut						x						
Klettenwurzel				x	x							
Knoblauchsrauke			x	x		x						
Knoblauchzwiebeln									x	x	x	
Königskerze						x						
Kornelkirsche		x	x									
Krauseminze						x						
Lavendel						x						
Liebstöckel | Kraut				x	x	x	x	x				
Liebstöckel | Wurzel									x			
Linde				x	x							
Löwenzahn | Blüten			x	**x**	**x**							
Löwenzahn | Kraut		**x**	x	**x**	**x**							
Löwenzahn | Wurzel		x	x	**x**	x							
Mädesüss | Blüten					x							
Majorankraut						x	x	x	x			
Malve						x	x					
Meerrettich | Wurzel	x	x							x	x	x	x
Melisse vor der Blüte			x	x	x	(x)						
Mistel				x	x							

Pflanze	1	2	3	4	5	6	7	8	9	10	11	12
Nelkenwurz | Kraut & Wurzel			x									
Nussbaumblätter						x						
Petersilie | Kraut				x	**x**	**x**	**x**	**x**	**x**	x		
Pfefferminz				x	x	x	x	x	x			
Quendel						x						
Ringelblume | Blüte						x	x	x	x	x		
Rose						x						
Rotklee												
Rottanne	x	x	x									
Salbei | Blätter				x	x	x	x	x	x			
Sauerampfer				x	x		x	x				
Schachtelhalm | Kraut					x	x						
Schafgarbe | Kraut mit Blüte						x	x	x	x			
Spitzwegerich					x	x	x	x				
Taubnessel | Blüte				x	x	x	x	x	x	x		
Tausendgüldenkraut						(x)	x	x				
Thymian | blühendes Kraut					(x)	x	**x**	(x)	x			
Veilchen | Blüten			x	x								
Wacholderbeere										x		
Waldmeisterkraut					x	x						
Wegwarte						x						
Zitronenmelisse						x						
Zwergholunderwurzel				x								
Edelkastanie										x		
Haselnuss									x	x		
Walnuss										x		

Die nachfolgend aufgeführten Blüten sind *giftig* (natürlich gibt es noch mehr) – auf keinen Fall essen:

Akelei, Christrose, Eisenhut, Fingerhut, Goldregen, Herbstzeitlose, Maiglöckchen, Oleander, Pfaffenhütchen, Scharfer Hahnenfuss, sämtliche Schierlingsarten, Seidelbast, Steinklee und Tollkirsche ...

Sammelkalender Beeren, Früchte

Frucht	1	2	3	4	5	6	7	8	9	10	11	12
Apfel							x	x	x	x	x	
Apfelbeeren Aronia								x	x			
Aprikose							x	x				
Beberitze									x	x		
Birne						x	x	x	x	x		
Brombeere							x	x	x			
Ebereschenbeere									x	x	x	
Elsbeere							nach dem ersten Frost					
Erdbeere					x	x	x	x				
Hagebutte									x	x	x	
Heidelbeere							x	x				
Himbeere							x	x	x			
Holunderbeeren									x	x		
Johannisbeere rot						x	x					
Johannisbeere schwarz						x	x					
Johannisbeere weiß						x	x					
Kirsche (sauer)					x	x	x					
Kirsche (süß)					x	x	x					
Kornelkirsche								x	x			
Melone							x	x	x	x		
Mirabelle							x	x				
Nektarine								x	x	x		
Pfirsich							x	x	x	x		
Pflaume							x	x	x	x		
Preiselbeere								x	x	x		
Quitte										x	x	
Reneklode							x	x				
Rhabarber					x	x						
Sanddorn								x	x	x		
Schlehdorn										x	x	
Stachelbeere						x	x	x				
Walderdbeere					x	x	x					
Weintraube									x	x		
Zwetschge							x	x	x	x		

Die Verarbeitung bzw. die Zubereitung des Ansatzes geht je nach Rezept nach genau festgelegter Reihenfolge vonstatten.

Die im häuslichen Bereich angewendete Form der Herstellung ist der Ansatz mit Alkohol. Die Früchte werden nach der Säuberung grob zerkleinert und mit Alkohol übergossen, welcher alle Farb- und Geschmacksstoffe aus den Früchten löst. Diesen Vorgang nennt man *Extraktion* oder *Mazeration*. Auch bereits zur Saftgewinnung ausgepresste Rückstände können auf diese Art nochmals verwendet werden, wobei hier der *Gerbstoffgehalt* etwas höher ausfallen wird. Die mit Alkohol angesetzten Früchte werden nach zwei bis drei Wochen filtriert, der Saft wird in Flaschen abgefüllt. Längeres Ziehen ist dem Aroma abträglich.

Wenn man mit Weingeist ansetzt, wird nach der Wartezeit filtriert und (nach der Faustregel) auf je ½ kg Frucht ½ kg Zuckersirup gegeben. Ich koste, bevor ich Zucker(-sirup) zugebe und füge diesen schrittweise zu, bis ich mit dem Geschmack zufrieden bin.

Verlängert werden Liköre mit weichem, abgekochtem, chlorfreiem Wasser.

Eine weitere Möglichkeit besteht darin, die Früchte auszupressen und mit dem gewonnenen Saft den Likör anzusetzen. Hier gilt, dass man alles

Ländliches Leben: Windmühle zu Suxdorf

zu gleichen Teilen mischt. Diesem Likör gönnt man eine mehrwöchige Reifezeit, es lohnt sich.

Alle Ansätze, Schnäpse und Liköre reifen einige Wochen auf der Fensterbank und dürfen täglich geschüttelt werden. Nach der Filtration durch ein sauberes Küchentuch oder einen Filter werden sie in Flaschen gefüllt, beschriftet und in einem kühlen Raum gelagert, wo das Erzeugnis noch einige Zeit nachreifen darf.

Für die Likörherstellung benötigt man einige Hilfsmittel, die sich sicherlich in fast jedem Haushalt finden lassen.

- Ansatzgefäße mit weiter Öffnung: großes Gurkenglas, Rumtopfgefäß etc.
- Plastiksieb und Messer (für Kräuter, wunderbar ist ein doppeltes Wiegemesser)
- Blitzhacker, Zauberstab o. ä. für die schnelle Zerkleinerung des Ansatzgutes
- Mörser oder Gewürzmühle zum Vermahlen von Gewürzen

- Küchenwaage und Messbecher mit genauer Einteilung
- jede Menge wieder verschließbarer Flaschen und Gläser und die Verschlüsse dazu
- Seihtuch zum Auspressen, Filter zum Filtrieren des Ansatzes
- Kunststofftrichter zum Einfüllen
- Etikettenbogen zum Beschriften, oder man erstellt sich mit dem PC selbst welche, das sieht einheitlich aus und macht was her. Aufkleben kann man dieselben mit einem ganz normalen Klebestift, sie lassen sich einfach und rückstandsfrei wieder entfernen.

Es eignen sich alle Arten von heimischem Beeren-, Kern- und Steinobst. Auch Zitrusfrüchte und exotische Fruchtarten kommen zum Einsatz, ebenso können Trockenfrüchte verarbeitet werden. Gewürze wie Zimt, Anis, Vanille, Nelken, Schalen von Orangen, Limetten und Zitronen sowie sparsam dosierte ätherische Öle verfeinern den Likör und geben eine ganz besondere unverkennbare Note – eben hausgemacht.

Amaretto von Pflaumensteinen, ca. 17 vol%

125 g Zwetschgensteine (wenn man z. B. gerade Powidla macht) in 1 Liter 38 %igem Korn 2 Monate ziehen lassen. Dann 175 g Zucker in 575 ml Wasser auflösen, einmal aufkochen und den filtrierten Ansatz dazugeben. In saubere Flaschen füllen.

Zwetschgensteine kann man auch beim Bäcker bekommen.

Rosenlikör

250 g duftende Rosenblätter in einem Gefrierbeutel durchkneten. Nun in ein Glas füllen, mit 500 ml warmem Wasser übergießen und 2 bis 3 Tage stehen lassen. Kurz aufkochen und abseihen, etwas abkühlen lassen und mit 700 ml Wodka aufgießen. 400 g Zucker dazugeben sowie etwas Koriander. 2 bis 3 Wochen in der Sonne gut verschlossen ziehen lassen. Dann filtrieren, in Flaschen füllen und noch 1 Monat nachreifen lassen.

Beerenlikör

500 g Himbeeren, Brombeeren oder Erdbeeren mit 500 g Kandiszucker und 1 Flasche Wodka in einem Glasgefäß 2 Wochen ziehen lassen, dann filtrieren.

Holunderblütenschnaps

15 Holunderblüten mit einer Flasche Korn übergießen und gut verschlossen ziehen lassen, bis die Blüten durchscheinend wirken. Nun filtrieren und etwas Zimt zugeben. In Flaschen füllen und noch nachreifen lassen.

Heidelbeerlikör

200 ml Wodka mit 50 ml Rum, 175 ml Sahne und 65 g Zucker mischen. Nun 1 großen Becher Heidelbeerjoghurt hinzugeben sowie 200 ml Fruchtsaft von frisch gepressten Heidelbeeren. Gut kalt stellen und vor dem Servieren ordentlich schütteln.

Man kann das mit allen gängigen Joghurtsorten machen, auch mit Naturjoghurt. Aromatisieren kann man mit Fruchtsäften aller Art.

Orangenlikör

70 g klein gehackte Orangenschalen (ohne die weißen Häutchen) mit 300 ml Weingeist für 5 Tage ansetzen. 250 g Orangen waschen, heiß brühen und die Schalen abraspeln. Diese dann mit 250 g Puderzucker und 200 ml Wasser aufkochen, abkühlen lassen und abseihen. Die Orangen auspressen, mit dem Orangenwasser und dem geseihten Weingeist vermischen und 2 Tage ruhen lassen. Anschließend filtrieren und dann gut verschlossen 3 Monate ziehen lassen.

Orangenlikör fertig zum Genießen

Starkbierlikör

50 g Rosinen (auch falsche aus Ebereschen), 1 Msp Gewürznelken und 1 Stück Zimtstange in ein Glas geben und mit 250 ml Weingeist für 10 Tage ansetzen. Dabei jeden Tag schütteln. ½ Flasche Starkbier mit 200 g Rohrzucker und 2 EL Rübensirup aufkochen, abschäumen. Den Rest Bier hinzugeben, weiter langsam erhitzen und den filtrierten Weingeist langsam zugeben. Heiß in saubere Flaschen füllen, gut verschlossen 1 Monat ruhen lassen.

Karamellschnaps

125 g Puderzucker karamellisieren, mit 60 ml Sahne aufgießen und aufkochen lassen. Etwas Zimt und Anis hinzugeben und mit 150 ml Kirschwasser vermischen.

Kürbiskernlikör

150 g Kürbiskerne grob zerkleinern und in einer antihaftbeschichteten Pfanne ohne Fett anbräunen. Wenn die Kernstücke nussig duften, 500 g Puderzucker dazugeben und das Ganze karamellisieren lassen. Etwas abkühlen lassen, zwar klebt es dann, aber es löst sich bald wieder. 250 ml Sahne mit dem Mark einer Vanilleschote aufkochen und zu den Kernen geben. 5 bis 10 Minuten brodelnd kochen, anschließend abkühlen lassen. Mit dem Pürierstab durchfahren und mit 400 ml 40 %igem Wodka aufgießen. Nach Geschmack nun noch etwas Glukosesirup hinzufügen und in Flaschen füllen.

Schlehenfeuer

½ kg Schlehen verlesen, waschen und zerdrücken, in ein dunkles Glas füllen und mit 40%igem Wodka ansetzen. 5 bis 7 Wochen bei Zimmertemperatur stehen lassen, ab und zu schütteln. Nun durch ein Sieb gießen und filtrieren. 100 g Puderzucker mit 150 ml Rotwein aufkochen und in den Ansatz geben. In dunkle Flaschen gefüllt mindestens 8 Wochen reifen lassen.

Bärlauchschnaps

Bärlauchzwiebeln und -kraut in ein Glas füllen, festdrücken und mit Wodka aufgießen. Nach 4 Wochen Standzeit im Dunkeln abseihen, filtrieren und in Flaschen füllen.

Mohnlikör

150 g Backmohn mahlen, mit 250 ml süßer Sahne aufkochen und abkühlen lassen. Nun etwas Vanillezucker und 1 TL Rübensirup hinzufügen. 2 Bio-Eigelb mit 30 g Puderzucker schlagen und unter die Mohnsahne ziehen. Mit dem Zauberstab durchgehen und am Ende noch 350 ml Wodka zugeben. In Flaschen füllen und im Kühlschrank aufbewahren.

Des Teufels Schwanz – Spezialität aus Polen

100 ml Wasser mit 50 g Puderzucker aufkochen und mit 150 g Ketchup, 1 Prise geriebener Muskatnuss und 250 ml Weingeist in ein großes Glas füllen. 30 g Walnüsse überbrühen, häuten und klein hacken, dann zum Ansatz geben und 5 Tage ziehen lassen. Anschließend filtrieren und gut verschlossen 3 Monate reifen lassen.

Mädesüßlikör

Von 5 zum Teil erblühten Mädesüßrispen die dicken Stiele abschneiden. Mit ½ l Wodka in eine weithalsige Flasche geben und noch 2 EL braunen Rohrzucker einstreuen. Im Dunkeln 1 Woche ziehen lassen. Anschließend filtrieren und gut verschlossen 2 Monate reifen lassen.

Liköre, mit ätherischen Ölen aromatisiert

140 g Puderzucker in 200 ml Wasser auflösen und einmal aufwallen lassen. Dann 1 EL Puderzucker mit 1-2 Tropfen ätherischem Öl (Zimt, Rose, Rosmarin, Zitrone, Minze etc.) verrühren und dazu noch warmes Zuckerwasser geben. 250 ml Sahne zugeben und mit der gleichen Menge 40%igem Wodka mischen. Im Kühlschrank lagern.

Man kann diese Liköre – wenn man mag – noch mit etwas Speisefarbe einfärben. Die Öle lassen sich auch gut untereinander kombinieren, z. B. passen zur Pomeranze auch Nelken und Zitronenöl und zum Lavendel Rosen. Jedoch ist Vorsicht geboten, denn ätherische Öle sind Hochkonzentrate, die wie Heilpflanzen (jedes für sich) eine ganz bestimmte Wirkung auf den Körper haben. Deshalb ist man gut beraten, sich vor Gebrauch mit ihrer Wirkung auseinander zu setzen.

Wer es weniger hochprozentig mag:

Maiwein – prickelnd

10 g Gundermann, 40 angewelkte, noch nicht blühende Waldmeisterpflanzen, 10 Walderdbeerblätter und 2 Blätter der Schwarzen Johannisbeere in ein Gefäß geben, mit 300 g Zucker und 1 l gutem Weißwein übergießen und eine halbe Stunde ruhen lassen. Anschließend die Kräuter entfernen und 1 kleine Flasche Sekt hinzugeben.

Maiweinansatz für den Winter

6 Hände voll angewelkter, noch nicht blühender Waldmeisterpflanzen, 1 Hand voll Gundermann, eine halbe Hand voll Walderdbeerblätter und 5 Blätter der Schwarzen Johannisbeere werden mit einer Flasche starken Weißweins übergossen und für eine halbe Stunde stehen gelassen. Dann entfernt man alle Kräuter, filtriert den Wein und gibt ihn in eine Flasche, welche man fest verschließt. Dieser Ansatz hält sich monatelang, so kann man auch in den kalten Jahreszeiten jederzeit köstlichen Maiwein bereiten, ohne dass man auf künstliche Aromen zurückgreifen muss. Die Verdünnung ist dann 1:3.

Dasselbe kann man mit Obstessig und Kräutern wie Minze, Melisse, Salbei usw. sowie mit Blütenblättchen machen. Ein Spritzer von diesem guten Essig im Mineralwasser belebt den Geschmack ungemein.

Omas Hausmittelchen: Heilliköre/Tinkturen/Heilweine

Unter Omas Hausmittelchen finden sich viele und ihre Anwendungsgebiete sind breit gefächert. Einige – die interessantesten und selbst probierten – möchte ich an dieser Stelle nennen, gerade jene, die die Zipperlein im Alltag erträglicher machen. Natürlich stellt dies keine medizinische Beratung dar und die Anwendung kann nur auf eigenes Risiko erfolgen. Man sollte vor dem Ausprobieren unbekannter Heilmittel den Arzt zu Rate ziehen.

Tinkturen sind alkoholische Auszüge aus Heilpflanzen, die man selbst herstellen kann. Aufgrund des Alkoholgehaltes sind sie bei innerlicher Einnahme nur für Erwachsene gedacht. Es gelten die allgemeinen Verzehrregeln für alkoholische Zubereitungen. Bei kleinen Wehwehchen wie Hautirritationen, Mückenstichen, leichten Magenverstimmungen oder wenn man sich gestoßen hat, kann man Tinkturen, Ölmazerate und Geister mit natürlichen Bestandteilen aus dem Garten, von Wald oder Flur und aus der Küche anwenden. Man weiß, was enthalten bzw. viel wichtiger – was nicht enthalten ist. Bevor man anfängt, sind gewisse Grundkenntnisse unentbehrlich. Diese findet man in einschlägigen Büchern (siehe Literaturverzeichnis).

Bärlauchtinktur

Bärlauchblätter klein schneiden, ein Schraubglas damit zur Hälfte füllen und mit Doppelkorn aufgießen, sodass alles bedeckt ist. Nun an einem warmen Ort zugeschraubt 2 bis 4 Wochen ziehen lassen, filtrieren, in eine dunkle Flasche füllen und beschriften.
Dosierung: 1-3 mal täglich 15 Tropfen, die mit Wasser verdünnt werden können.
Anwendung bei Appetitlosigkeit, Asthma, Bronchitis, Fieber, Frühjahrsmüdigkeit, Blähungen, Verdauungsstörungen, Durchfall, Würmern, Bluthochdruck, Arteriosklerose und Rheuma. Diese Tinktur senkt den Cholesterinspiegel, wirkt Galle treibend und regt den Stoffwechsel an.

Arnikatinktur – Melissentinktur

Ein Schraubglas zu ¼ mit frischen Arnikablüten und zu ¼ mit Melissenblättern füllen und mit Weingeist für äußerliche Anwendungen aufgießen. 14 Tage auf der Fensterbank ziehen lassen, filtrieren, in eine dunkle Flasche füllen und beschriften.
Anwendungsgebiete: Zum Einreiben bei Ischiasproblemen, Blutergüssen, Verstauchungen, Prelllungen, Zerrungen. Bei Herzbeschwerden schafft ein mit der Tinktur durchfeuchtetes Tuch auf das Herz gelegt Abhilfe.

Johanniskraut-Tinktur

50 g frische Blüten vom echten Johanniskraut in einem Schraubglas mit 250 ml Wodka ansetzen und 14 Tage ziehen lassen, dann abseihen.
Dosierung: 1-3 mal tgl. 15 Tropfen
Anwendungsgebiete: Nervosität, Schlaflosigkeit und Angstzustände, daraus resultierende Kopfschmerzen und Migräne. Als Ölmazerat bei Neuralgien und Hexenschuss.

Melissengeist

Was die Klosterschwester kann, können wir zu Hause auch: 30 g Melissenblätter mit 300 ml Wodka und 100 g Kandiszucker in ein Glas füllen und nach 2 Wochen Wartezeit filtrieren und beschriften.
Anzuwenden bei Erkältungen, durch Nervosität verursachte (Magen-)Verstimmungen und Kopfschmerzen.

Lavendelwein

Auf 750 ml Weißwein 25 g Lavendelblüten und 20 g Kandiszucker geben, 10 Tage durchziehen lassen, filtrieren und abfüllen.
Die Wirkung ist beruhigend bei nervlicher Belastung und Stress, sowie bei Blähungen.

Brennnessel

Brennnesselwein

Ein großes sauberes Gurkenglas zu ¾ mit frischen Brennnesselblättern füllen, mit Apfelwein oder Weißwein aufgießen und verschließen. 100 g Kandiszucker versüßen den Wein. Nach 2 Wochen Standzeit und gelegentlichem Schütteln abseihen und filtrieren.
Dosierung: einmal täglich 1 kleines Schnapsglas
Anwendung: bei Rheuma und zur Stärkung im Frühjahr.

Enzian & Kalmus

1 EL geschnittene, getrocknete Kalmuswurzel mit 300 ml Enzianschnaps aufgießen, 14 Tage ziehen lassen, filtrieren und abfüllen.
Dosierung: 1 Gläschen *bei Magenbeschwerden*

Kräuterbier

Beim nächsten Spaziergang einen Strauß Kräuter (oder nur Brennnessel) sammeln. Die Kräuter mit 2 l Wasser aufkochen und eine Stunde ziehen lassen, anschließend in ein ausreichend großes Gefäß abseihen. 230 g Puderzucker mit 10 g Weinstein und 1 Päckchen Hefe vermischen, darauf den ausgepressten Saft von 1 Limette und 1 Orange geben. Dieses Gemisch nun in den Behälter mit dem Kräuteraufguss geben, umrühren und mit einem Mulltuch abdecken. An einem warmen Ort 4 Tage gären lassen, dann in Wasserflaschen aus Glas mit Schraubverschluss oder alte Sektflaschen füllen. Wichtig ist, dass man sie gut zuschraubt. Nach einer Woche Standzeit darf dann gekostet werden. Besser schmeckt das Bier, wenn man Hefe aus der Brauerei besorgt oder dem Ansatz einen Schuss Hefeweißbier zugibt.
Wird das Bier in einem kühlen Raum aufbewahrt, gärt es langsamer.

Öle

Pflanzenöle sind ein wichtiger Bestandteil gesunder Ernährung, sie bestehen aus lebenswichtigen ungesättigten Fettsäuren, liefern Energie und beinhalten die fettlöslichen Vitamine A, D, E und K. Nur in Verbindung mit Ölen kann der Körper diese Vitamine verwerten. Zudem sind Öle Geschmacksträger und besitzen die Fähigkeit, Aromastoffe freizusetzen und Röststoffe zu binden. Diese Eigenschaften machen Pflanzenöle zu einem Auszugsmittel für Pflanzen, Samen u. a.

Die für die Ernährung wichtigsten Ölsorten im Überblick:

Argan(en)öl: aus Argan-Mandeln, enthält einfach und doppelt ungesättigte Fettsäuren, hat einen nussig-exotischen Geschmack, ist recht teuer, da es davon nur noch wenige Bäume in Marokko gibt. Traditionelle Herstellung schon seit Jahrhunderten durch die Berberfrauen.
Verwendung: zu Salaten, Desserts, Nudeln, Fleisch und Fisch etc. Es passt zu fast allen Gerichten, harmoniert gut, ist sehr ergiebig.

Avocadoöl: raffiniertes Öl aus der Avocado, ist reich an ungesättigten Fettsäuren
Verwendung: für Vinaigretten, Mayonnaisen, Dressings, zum Grillen und Braten

Distelöl: wird aus dem Samen der Färberdistel, welche auch mexikanischer Safran genannt wird, gewonnen. Das Öl enthält mehrfach gesättigte und ungesättigte Fettsäuren. Es ist raffiniert und unraffiniert erhältlich.
Verwendung: für Rohkost, Salate, Gemüse

Erdnussöl: wird aus den Kernen der Erdnuss gewonnen
Verwendung: als Olivenölersatz zum Braten, für Dressings

Grapefruitkernöl: aromatisiertes Olivenöl
Verwendung: im Dressing für grünen Salat

Hanföl: aus den Samen der Hanfpflanze, enthält dreifach ungesättigte Fettsäuren, sehr schöner intensiver Geschmack
Verwendung: für Salate

Haselnussöl: aus angerösteten Nüssen gewonnen, reich an ungesättigten Fettsäuren
Verwendung: Würzöl, Vollwertküche, Salate

Kürbiskernöl: dunkles grünes Öl aus angerösteten Kürbissamen gepresst mit wunderbar nussigem Geschmack. Es enthält mehrfach ungesättigte Fettsäuren.
Verwendung: zu allen warmen Gerichten

Leinöl: aus Ölsaat, reich an dreifach ungesättigten Fettsäuren, eines der wertvollsten Speiseöle
Verwendung: für warme Gerichte

Maiskeimöl: ist ein Öl, das aus Maiskeimen hergestellt wird. Das unraffinierte Öl schmeckt kräftig nach Mais, das raffinierte ist fast geschmacksneutral. Es enthält einfach und zweifach ungesättigte Fettsäuren und sehr viel Vitamin E.
Verwendung: Salatöl, gedünstetes Gemüse (beim Braten wird das Vitamin E zerstört)

Mandelöl: aus Süßmandelkernen gepresst, besitzt eine zarte gelbliche Farbe, duftet ganz fein nach Mandeln und ist eines der teuersten Öle
Verwendung: wird vor allem in der Kosmetik und Pharmazie verwendet für Cremes, Lotionen, Ölbäder, Salben, Lippenbalsam

Mohnöl: aus Mohnsaat gepresstes gutes Speiseöl. Kaltpressung unraffiniert, Warmpressung raffiniert.
Verwendung: zum Verfeinern von Salaten und delikaten Vorspeisen

Dillessig, Apfelessig, Johanniskrautlikör, Kamillenöl, Lavendelblütenöl, Öl mit ätherischem Ölzusatz (von links)

Olivenöl: ist das Öl mit dem höchsten Gehalt an mehrfach ungesättigten Fettsäuren, dafür enthält es wenig Omega-6-Fettsäuren

Olivenöl Extra virgine: kaltgepresstes Olivenöl aus den Fruchtoliven, naturtrüb, grünlich und unbeschreiblich würzig
Verwendung: Alleskönner in der Küche für gekochte und rohe Speisen, zum Würzen und Verfeinern von Saucen, für Salate

Klares Olivenöl: Mischung aus verschiedenen Ölen, weniger Geschmack
Verwendung: zum Kochen und für Salatdressings

Orangenöl: ein Olivenöl mit einem herben Orangenaroma
Verwendung: für besondere Salate mit Geflügel, Chicoree und Walnüssen

Palmöl (auch Palmfett): wird aus dem Fruchtfleisch der Ölpalmenfrüchte gewonnen. Die Früchte werden dafür dampfsterilisiert und gepresst. Das Palmöl hat einen hohen Gehalt an Carotin, die orangerote Farbe wird bei der Veredelung aber entfernt.
Verwendung: als Speisefett zum Kochen, Braten, Frittieren, zur Herstellung von Back- und Süßwaren

Pistazienöl: ist aus Pistazien gepresstes, hochwertiges, grünliches Öl mit hohem Gehalt an Vitamin E, A und B, mild-nussiger Geschmack
Verwendung: zu Nudeln, Fisch, Gemüse und für Süßspeisen, Salate

Rapsöl: aus Rapssamen, reich an Vitaminen und Mineralien, enthält mehrfach ungesättigte Fettsäuren – es ist sehr reich an Omega-3-Fettsäuren
Verwendung: zum Braten, Dünsten, Kochen, Backen, Einlegen, für Dressings und Salate

Reisöl: aus Reis hergestelltes Pflanzenöl, enthält einfach ungesättigte, mehrfach ungesättigte und gesättigte Fettsäuren
Verwendung: wie Olivenöl für gekochte und rohe Speisen, zum Würzen und Verfeinern von Saucen, für Salate

Sesamöl: aus weißen und schwarzen Samen des Sesams gewonnen, enthält zweifach ungesättigte Fettsäuren; helles naturbelassenes Öl, es ist blassgelb, fast geruchs- und geschmacksneutral
Verwendung: Speiseöl in der asiatischen und orientalischen Küche

Dunkles Sesamöl: ist durch vorherige Samenröstung von dunkler, sattgelber Farbe, typischer, intensiver Geruch und Geschmack nach gerösteten Nüssen
Verwendung: Würzöl in der asiatischen Küche – sparsam verwenden

Sojaöl: aus der Sojabohne gewonnen
Verwendung: unempfindlich gegen Hitze, daher zum Frittieren geeignet

Sonnenblumenöl: Die Sonnenblumenkerne (ohne Schalen) werden gepresst, das Öl enthält ungesättigte Fettsäuren
Verwendung: Alleskönner zum Braten, Dünsten, Kochen, Backen, Einlegen

Traubenkernöl: Pressöl aus den Kernen der Weintrauben
Verwendung: für Dressings, zum Braten

Aromatisiertes Maiskeimöl

Walnussöl: aus angerösteten Walnusskernen, enthält viel Vitamin A und zweifach ungesättigte Fettsäuren
Verwendung: sparsam an Salaten und Gemüse, nicht erhitzen

Weizenkeimöl: aus dem Keim des Weizens gewonnen, hoher Gehalt an Vitamin E
Verwendung: Salate, Dressings, nicht erhitzen

Zitronenöl: ist ein Olivenöl, das mit Zitronen aromatisiert wurde
Verwendung: zu frischen Nudeln, Risottos, Scampis, zum Dippen, für Fisch

Ölgewinnung und Verarbeitung

Raffinierte Öle

Das Öl wird bei Temperaturen von über 100 °C gepresst. Leider leiden bei der chemischen oder physikalischen Raffination die geschmacklichen Eigenarten. Die typischen Farben und wertvolle sekundäre Pflanzenstoffe gehen verloren. Raffinierte Öle sind fast geschmacksneutral, hellfarbig, lang haltbar und universell einsetzbar.

Nichtraffinierte Öle

Diese Öle werden durch Kaltpressung gewonnen, wobei auch hier eine langsame Temperaturerhöhung bis ca. 60 °C möglich ist. Eine Dampfbehandlung steigert die Haltbarkeit.

Kaltgepresste Öle

Bei der Herstellung dieser Öle wird die Rohware zuerst zerkleinert, anschließend leicht gedämpft und dann durch Druck oder Reibung ohne weitere Wärmezufuhr gewonnen. Dann wird das Öl filtriert und abgefüllt. Diese Öle enthalten noch fast alle ursprünglichen Inhaltsstoffe der Rohware, aus der sie hergestellt wurden. Farbe, Geschmack, Vitamine, Mineralien – alle bleiben erhalten und machen diese Öle sehr wertvoll.

Auszug aus Lavendelblüten

Native Öle

Nativ – das heißt naturbelassen: Weder die Rohware noch das Öl werden raffiniert, gedämpft, gebleicht, erhitzt, geröstet oder auf andere Art und Weise behandelt. Diese Öle sind sehr wertvoll, da alle Inhaltsstoffe unverändert, eben naturbelassen, erhalten bleiben. Sie zeichnen sich durch einen besonders kräftigen Geschmack und schöne Farben aus.

Ansetzen von Mazeraten/Ölauszügen

Das Ansetzen von Ölauszügen ist einfach, es folgt der immer gleichen Abfolge von Handgriffen, man braucht ein gutes Auge, etwas Geduld und etwas Wissen.

Öl und Ansatzgut harmonieren in der Regel prima miteinander: Das Öl nimmt die fettlöslichen Vitamine, ätherischen Öle, Mineralien und Aromen der Pflanzen auf und vereint sie mit

dem ihm eigenen spezifischen Geschmack zu einer nicht nur kulinarischen Gesamtkomposition. Die in den Ölen enthaltenen Vitamine wirken als natürliche Antioxidantien. Zum Ansetzen eignen sich alle (relativ) neutral schmeckenden Öle wie Sonnenblumenöl, Maiskeimöl, Distelöl, Rapsöl, einfaches Olivenöl oder Sojaöl.
Man kann diese Öle, je nach Inhaltsstoffen, zum Würzen der Speisen, als Massageöle und Einreibungen sowie zur Hautpflege benutzen.

Natürlich muss man bei der Auswahl der Kräuter und Gewürze, Früchte und Schalen wählerisch sein, nur das Beste ist gut genug. Erntefrisch lautet die Devise, denn diese Zutaten stehen im vollen Saft und haben noch alle Aromen und Vitamine in sich. Nicht jeder hat wie meine Freundin Evelyn Lavendelrabatten im Garten und könnte daraus Unmengen Lavendelölmazerat zaubern.

Wenn frische Kräuter nicht vorhanden sind, kann man auch zu getrockneten greifen.

Bei aller Schaffenskraft und allem Tatendrang – auch hier gilt: Sorgfalt und Sauberkeit sind oberstes Gebot. Man unterscheidet zwei Methoden des Ölauszuges: die heiße und die kalte. Meine Auszüge fertige ich alle nach der Kaltauszugsmethode.

Lavendel

Kaltauszug

Alle Kräuter werden gewaschen, sorgsam verlesen und getrocknet (so dass sie außen nicht mehr nass sind). Man kann nun die Kräuter klein schneiden und locker in ein Glas füllen, so kann das Öl überall hineinlaufen. Oder man legt sie im Ganzen in eine schöne Flasche ein, dabei darf man feste, robuste Kräuter (wie Rosmarin, Thymian) ruhig vorsichtig andrücken, Knoblauchzehen, Chilischoten mit der Nadel anstechen, Körner (Piment, Pfeffer, Wacholder) anquetschen, damit das Öl eindringen kann. Dann gießt man das Öl auf, so dass die Ingredienzien vollständig von Öl umgeben sind, und stellt sie 2 bis 3 Wochen in die Speisekammer. Danach kann man das Öl filtrieren (die Methode, eine neue Damenfeinsocke über einen großen Trichter zu stülpen, war bisher am zuverlässigsten). Dann bitte ein Etikett mit Zutatenliste und Herstellungsdatum anbringen und im Kühlschrank lagern.

Heißauszug

Wenn es mal eben schnell gehen muss: Kräuter und Gewürze klein schneiden und locker in ein Glas füllen, so kann das Öl überall hineinlaufen. Dann verschließen und in ein Wasserbad stellen, darin 15-20 min stehen lassen, wobei das Wasser köcheln darf. Das Öl wird dadurch relativ schonend erwärmt und entzieht dem Ansatzgut auf die Schnelle seine Inhaltsstoffe. Nun filtriert und beschriftet man es und lagert es kühl und dunkel.

Würzöle

Basilikumöl

250 ml mildes Olivenöl, 10 frische Basilikumblätter, etwas abgeriebene Orangenschale 14 Tage stehen lassen, dann abseihen.

Bärlauchöl

250 ml Olivenöl und 1 Hand voll geschnittene, frische Bärlauchblätter für 14 Tage ansetzen, abseihen und in eine Flasche füllen.

Grillöl

200 ml Olivenöl, 1-2 Chilischoten, 1 EL Pfefferkörner, 1 kleine Knoblauchzehe, 1 Rosmarinzweig, 1 Thymianzweig, etwas Oregano in ein Glas oder eine Flasche füllen und 10 Tage ziehen lassen.

Knoblauchöl 1

10 Knoblauchzehen mit 2 Basilikumblättern in 300 ml Öl ansetzen.

Knoblauchöl 2

250 ml Sonnenblumenöl, 10 Knoblauchzehen, abgeriebene Schale von ½ Limette. 10 Tage ziehen lassen.

Majoranöl

250 ml Rapsöl, 1 Hand voll trockener Majoran, 1 Lorbeerblatt, 1 EL Senfkörner 14 Tage lang ansetzen.

Salbeiöl

250 ml Distelöl, 10 Salbeiblätter, einige Blättchen Thymian in eine Flasche geben und im Dunkeln 14 Tage ziehen lassen.

Klosterwürzöl

2 EL Mönchspfefferkörner, 1 Knoblauchzehe, 1 TL Dillsamen, 6 Pfefferkörner, etwas Liebstöckel, 1 Nelke und 1 TL Senfkörner mit 250 ml Sonnenblumenöl aufgießen.

Chiliwürzöl

Auf 250 ml gutes Öl 2-3 klein gehackte, getrocknete Chilischoten, etwas Kreuzkümmel sowie etwas getrockneten Oregano geben und gut verschließen. 2 Wochen ziehen lassen.

Pfefferöl

200 ml Distelöl mit einer getrockneten, angestochenen Chilischote und 1 EL bunten Pfefferkörnern ansetzen und 14 Tage ziehen lassen.

Zitrusöl

Die Schale von 2 Zitronen abreiben und mit 200 ml Maiskeimöl ansetzen. Ein kleines Zweiglein der Zitronenmelisse ergänzt das Aroma. Das funktioniert auch mit Orangen, Grapefruit, Limetten und Mandarinen.

Kräuterwürzöl aus getrockneten Kräutern

2 g Thymian, 5 g Dill, 2 g Majoran, 2 g Bengalpfeffer, 1 EL Pfefferkörner, 2 g Kurkuma mit 300 ml Öl ansetzen.

Kräuteröl 2

4 Lorbeerblätter, 4 Kerbelblätter, 1 Zweig Bohnenkraut, 2 kleine Dillwedel, 2 Knoblauchzehen, 4 schwarze Pfefferkörner und 2 Pimentkörner mit Öl ansetzen.

Weihnachtswürzöl

½ TL Zimt, ½ Sternanis, 1 Nelke, ½ TL Muskatnusspulver, 1 TL Zitronenschalen, 1 TL Ingwer klein gerieben, ½ TL Anis, etwas Pfeffer mit 250 ml Sonnenblumenöl für 10 Tage ansetzen. Filtrieren. Für Weichnachtsgebäcke, in den Guss oder die Glasur geben.

Vanilleöl

1 Vanillestange grob hacken und mit 60 ml gutem Olivenöl im verschlossenen Gefäß ca. 1 Woche stehen lassen.

Kleine Leckereien und andere Sachen

Hausgemachte Extras

Rosinen aus Ebereschen

250 g Zucker in ¾ l Wasser auflösen, aufkochen, 500 g getrocknete Ebereschenbeeren dazugeben und weiter kochen, bis alle Flüssigkeit verdunstet ist. Dann die Beeren ausbreiten und trocknen lassen.

Brausepulver

10 EL Zucker mit 6 EL Zitronensäure, 2 EL Natron, 2 Päckchen Vanillezucker und 1 Päckchen Aromazucker vermischen. Anstelle von Zucker kann man Xylitolpulver nehmen, das schmeckt dann nach Zitrone.

Soßenbinder dunkel

Normales Weizenmehl in einer antihaftbeschichteten Pfanne anrösten, bis es dunkel ist, und abgekühlt in einem luftdichten Behältnis aufbewahren.

Gelb – Safranblüte

Grün – Spinatsaft oder über Nacht sechs bis sieben Kaffeebohnen in ein geschlagenes Eiweiß legen und dann das grün gefärbte Eiweiß zum Glasuransatz geben

Braun – Kakaopulver oder Zuckercouleur

Zuckercouleur

2 EL Zucker in einer antihaftbeschichteten Pfanne karamellisieren lassen und bei wenig Hitze dunkel bräunen. 1 Schuss heißes Wasser dazugeben und ordentlich verrühren. Auf einer Untertasse einige Tropfen erkalten lassen. Wenn der Zuckercouleur noch zu dick ist, mit etwas heißem Wasser verdünnen. In eine dunkle Flasche abgefüllt hält er sich sehr lange.

Zuckerglasuren färben – wie zu Großmutters Zeiten

Rot – Cochenillesaft (roter, wasserlöslicher Farbstoff, aus Schildläusen gewonnen) oder Johannisbeer-, Himbeer-, Kirsch- bzw. Berberitzensaft, auch Granatapfelsaft, Saft von roten Rüben

Puddings – süße

Man kann Puddings in allen Geschmacksrichtungen selber machen. Man nimmt dazu ½ l Milch. Davon nimmt man 6 EL ab und mixt sie kalt mit einem Quirl mit 35-50 g (entspricht 4-6 EL) Stärkemehl und 2-3 EL Zucker oder Rohrzucker. Dieses Gemisch rührt man dann in die kochende Milch ein und nimmt sie sofort vom Herd. Das Aromatisieren kann mit Früchten, Sirups, Fruchtkonzentraten erfolgen, noch einige Tropfen ätherische Öle dazu und schon entstehen neue Kreationen. Wenn man mit Sirup aromatisiert (z. B. Holunderpudding mit Preiselbeeren), bitte keinen Zucker zufügen. Auch beim Verwenden von Schokolade den Zucker erst mal weglassen. Freunde von Alkoholischem geben einen Schuss Likör dazu.

Einige Vorschläge

Schokopudding mit Minze und weißer Schokolade

Nach Grundrezept einen Pudding mit ca. 50 g Kakaopulver kochen: Dabei den Zucker mit dem Kakao vermischen, mit etwas warmer Milch verrühren und in den Topf geben. Das löst sich leichter – wie beim Kakaokochen. Dann noch die angerührte Stärke hinzugeben, aufkochen, etwas erkalten lassen und 1 bis 2 Tropfen ätherisches Pfefferminzöl und Splitter von weißer Schokolade unterheben. In Formen füllen und vollständig auskühlen lassen.

Vanillepudding mit Fruchtstücken

Einen Pudding nach Grundrezept mit 1 Msp Kurkuma (für die Färbung) kochen. Mit etwas geriebener Tonkabohne (vorsichtig reiben wie Muskatnuss, enthält Cumarin, der Geschmack ist eine Mischung aus Bittermandel und Vanille), Vanillezucker oder Mädesüßzucker aromatisieren und einige Früchte unterheben.

Zitronenpudding

Einen Pudding nach Grundrezept mit 1 Msp Kurkuma (für die Färbung) kochen. Mit abgeriebener Zitronenschale und etwas Vanillezucker oder Mädesüßzucker aromatisieren. Statt der Zitrone kann man auch Mandarinen-, Blutorangen-, Orangen- oder Kumquatschale verwenden.

Sahnekaramellpudding

Hier bitte 250 ml Sahne und 250 ml Milch (statt ½ l Milch) verwenden, ansonsten wie bei Karamellpudding verfahren.

Powidla für Früchtepudding

Karamellpudding

Zutaten nach Grundrezept verwenden, allerdings für den Karamellpudding den Zucker zuerst im Topf karamellisieren lassen, vom Herd nehmen und dann die Milch rasch zugießen. Nun rühren und warten, bis sich das Karamell in der Milch aufgelöst hat. Dann weiter nach Rezept verfahren.

Kokospudding

Man kann die Milch vom Grundrezept durch Kokosmilch ersetzen oder man kocht 150 g Kokosflocken mit auf. Diese kann man gegebenenfalls vorher etwas anrösten. Auf diese Weise erhält man übrigens auch Kokosmilch.

Soll die Milch schneeweiß bleiben, dann die Kokosflocken nicht anrösten.

Milchpudding (mit Honig)

Von 250 ml Milch 6 EL abnehmen und mit 30 g Maisstärke verrühren. Den Rest mit 3 EL Honig aufkochen und dann mit dem Milch-Stärke-Gemisch verrühren und aufwallen lassen.

Pistazienpudding

Beim Kochen des Grundrezeptes 40 g im Mörser fein zerriebene Pistazien mit hinzugeben und den Pudding wie gewohnt kochen.

Multivitamin- oder Saftpudding

Aus 200 ml Sahne und 300 ml Fruchtsaft (egal welche Sorte – man kann auch mischen) einen Pudding nach Vorschrift zubereiten, dabei 50 g Stärke verwenden.

Früchtepudding

Aus 300 g Fruchtmus und 200 ml Sahne einen Pudding nach Grundrezept kochen, dabei 50 g Stärke verwenden.

Walnusspudding

150 g gehackte Walnüsse mit 1 EL Rübensirup karamellisieren und dann mit 500 ml Milch einen Pudding daraus kochen. Statt des weißen Zuckers Rohrzucker verwenden.

Weihnachtspudding

Nach Grundrezept einen Milchpudding ohne Honig, stattdessen mit Rohrzucker kochen, mit Raspelschokolade und 1 Msp Lebkuchengewürz verzieren.

Mandelpudding

Beim Kochen des Grundrezeptes 60 g gehackte Mandeln mit hinzugeben und den Pudding wie gewohnt kochen. Wer mag, kann noch Bittermandelaroma hinzufügen.

Raffaellopudding

Einen Mandelpudding nach Anleitung kochen, erkalten lassen. Unter die fertige Masse ein Gläschen Kirschlikör geben, dann mit 75 g Kokosraspeln bestreuen.

Zum Dekorieren von Süßspeisen

Kandierte Nachtkerzenblüten oder Veilchenblüten

1 Eiweiß zu steifem Schnee schlagen, soviel Puderzucker hinzugeben, bis eine cremige Masse entsteht. Die Nachtkerzen- oder Veilchenblüten hineintauchen und frittieren.

Deutscher Vanillezucker

Etwa 40 g frisches Mädesüß in einen Mullsack geben, verschließen und durchwalken. Dann in den zu aromatisierenden Zucker geben, einige Reiskörner obenauf legen und gut verschließen. Auf den Kühlschrank stellen und 2 Wochen ausziehen lassen. Dann den Zucker ohne Reis und Mullsäckchen in eine dichte Dose füllen.

Diese Rezepte funktionieren mit allen gut duftenden Blüten (wie im Kapitel Sirup aufgeführt). Ebenso funktioniert es mit Melisse und Pfefferminze. Zucker kann man auch mit stark aromatischen Teemischungen geschmacklich verändern. Einfach Teemischungen in einem Teebeutel mit sehr wenig Wasser anfeuchten und dann den Beutel über einem Schälchen Zucker ausdrücken. Gut verrühren und trocknen lassen. Vorsichtig lockern. Über eine Kugel

Joghurteis gestreut sieht dieser Zucker nicht nur sehr hübsch aus, sondern bringt auch ungeahnte Gaumenfreuden.

Rosen- oder Blütenzucker

1 Hand voll Duftrosenblätter oder andere duftende Blütenblätter etwas zerpflücken und mit ein wenig Zitronensaft vermischen. 3 Stunden ziehen lassen und dann im Mörser zerreiben. Nun mit 100 g Zucker vermischen und in ein Glas geben, gut verschließen und trocken (nicht im Kühlschrank) aufbewahren.

Zitrusfruchtzucker

Die Zitrusfrüchte waschen und die Schalen abreiben, dann etwas Saft der jeweiligen Frucht dazugeben, gerade soviel, dass die Raspel der Schalen aneinander kleben. Dann mit 150 g Zucker vermischen, in ein Glas füllen und gut verschließen. Trocken lagern.

Kräuterzucker

Kräuterzucker aus aromatischen Kräutern wie Pfefferminze, Thymian, Melisse oder Zitronenmelisse kann man herstellen, indem man wie beim Rosenzuckerrezept verfährt. Dabei die Blätter ruhig etwas anwelken lassen, denn sie sind nicht so zart wie die Blütenblätter und haben entsprechend mehr Feuchtigkeit.

Leckeres aus dem Glas

Ebereschengelee

Reife Dolden pflücken, waschen, trocknen. Dann die Beeren in einen Topf legen und gerade soviel Wasser darüber geben, dass sie bedeckt sind. Die Beeren weich kochen und den Saft durch ein Leinentuch gießen. Mit Gelierzucker aufkochen, in Gläser füllen und sofort verschließen.

Ebereschenmarmelade

Die entsafteten Beeren vom Ebereschengelee durch ein Sieb passieren, mit etwas Anis würzen und mit Gelierzucker zu Marmelade einkochen. Zu ¼ mit Kiwi vermengt schmeckt die Marmelade noch besser.

Powidla (Pflaumenmus)

1 kg entkernte und halbierte Pflaumen in einen kleinen Topf geben. 1 Tasse Zucker zufügen, umrühren, warten bis sich Saft zu bilden beginnt. Dann bei wenig Hitze kochen, bis die Pflaumen vollständig zerfallen sind, dabei stets mit einem Holzlöffel umrühren.
Wenn der Löffel in der Masse stehen bleibt, ist das Mus dick genug. Noch kochendheiß in vorbereitete Gläser

füllen, obenauf etwas Rum geben und anzünden. Wenn es brennt, sofort den Deckel auflegen und fest verschließen.

Lekyar

1 kg frisch gepflückte entsteinte Aprikosen in einem Topf mit etwas Wasser zum Kochen bringen. Bei wenig Hitze solange kochen, bis die Aprikosen weich sind, dabei von Zeit zu Zeit etwas Wasser nachgießen, aber nur soviel wie nötig. Nun mit dem Pürierstab alles vermusen und mit 1-1,5 Tassen Zucker in dem Topf dick einkochen. Kochendheiß in vorbereitete Gläser füllen und gut verschließen.

Auf diese Weise kann man auch mit Pfirsichen verfahren.

Aprikose mit Lavendel

1 kg Aprikosen ohne Kerne klein hacken, mit 2 EL Lavendelblättern, 1 Beutel Gelierfix 3:1 und nur 350 g Fruchtzucker über Nacht ziehen lassen. Dann aufkochen, 2 min sprudelnd weiter kochen, heiß abfüllen und verschließen.

Mandelmilch mit Wasser

70 g süße und 8 g bittere Mandeln mit heißem Wasser überbrühen und häuten (einfach zwischen Daumen und Zeigefinger nehmen und drücken, dann springt die Schale auf). Dann unter fließendem Wasser abwaschen und sehr fein pürieren. Darauf 300 ml Wasser geben und 2 Stunden auslaugen lassen. Anschließend das Mus entsaften. Nun die so gewonnene Mandelmilch mit Zucker versüßen, noch 2 EL Orangenblütenwasser zugeben und servieren.

Honig

Birnenhonig

Frischen Birnensaft solange ohne alle Zutaten einkochen, bis er honigartig wird. Dann in Gläser füllen und verschließen.

Holunderblütenhonig

Kleine Blüten vom Holunder sauber abzupfen und zu 100 g flüssigem Bienenhonig ins Glas geben. An einem warmen Ort gut verschlossen einige Tage stehen lassen und morgens und abends umdrehen.

Kräuterhonig

1 Hand voll Kräuter (Majoran, Quendel, Thymian, Wegerich, Dost etc.) fein gewiegt in Honig einlegen und 1 Woche ziehen lassen, dabei morgens und abends einmal drehen.

Apfelhonig

Die Schalen und Kerngehäuse, die beim Apfelkuchenbacken übrig bleiben, kann man zu feinem Apfelhonig verarbeiten. Man kocht alles in einem Topf mit der gleichen Menge Wasser zu dünnem Mus, presst das Ganze durch ein Leinentuch und kocht den Saft solange ein, bis er dick ist. Noch heiß in Twist-Off-Gläser füllen und gut verschließen.

Kleeköpfchensirup

2 Hand voll rote Kleeblüten ohne Grünes mit etwas Wasser 20 min köcheln lassen und dann mit 2 EL Zucker zur Sirupdicke einkochen.

Grüne Pestos

Schnelles Basilikumpesto

2 EL Pinienkerne in einer antihaftbeschichteten Pfanne anrösten, abkühlen lassen. In ein hohes Gefäß 75 ml Olivenöl geben, von einem Topf Basilikum alle Blätter zupfen, waschen, trocken schleudern, zum Öl geben.

1 TL Salz und 1 kleine, durch die Quetsche gedrückte Knoblauchzehe dazugeben, die Kerne aufschütten und mit dem Pürierstab alles pürieren. Dann 200 g italienischen Hartkäse dazugeben, umrühren. Vom Kochwasser der Nudeln soviel Wasser dazugießen, bis das Pesto die gewünschte Sämigkeit erreicht hat. Sofort über 250 g gerade fertig gekochte und abgegossene Spaghetti geben und servieren.

Beifußpesto

10 Haselnüsse in einer antihaftbeschichteten Pfanne ohne Öl anrösten und abkühlen lassen.

2 große Handvoll klein geschnittenen Beifuß mit etwas Olivenöl zerstampfen, salzen. In ein Glas füllen und Olivenöl auffüllen, gut schütteln. Verschließen. Kühl aufbewahren.

Mandelpesto

Dafür 100 g frische Kräuter mit 50 g gemahlenen Mandeln, 1-2 zerquetschten Knoblauchzehen, ½ TL Salz und etwas gutem Öl vermischen, in ein Glas geben und kühl aufbewahren.

Liebstöckelpesto

5 Walnüsse in einer antihaftbeschichteten Pfanne ohne Öl anrösten und abkühlen lassen.

2 große Handvoll klein geschnittenen Liebstöckel mit etwas Olivenöl zerstampfen, salzen. In ein Glas füllen und Olivenöl auffüllen, gut schütteln. Verschließen. Kühl aufbewahren.

Rucolapesto mit Pinienkernen

2 große Handvoll Rucola mit etwas Olivenöl, 10 g gemahlenen Pinienkernen in ein Glas geben, mit Olivenöl auffüllen. Verschließen und kühl aufbewahren.

Chutneys

Apfelchutney

2 Äpfel ohne Kernhaus mit Distelöl bepinseln und mit Curry bestreuen. Im Herd solange backen, bis sie zerfallen. Verrühren, mit weißem Pfeffer, Essig, etwas Senf, etwas Tomatenmark und 1 Prise Muskat zu einer dicken Paste einkochen.

Bananenchutney

1 Banane mit Distelöl bepinseln und mit Curry bestreuen. Im Herd solange backen, bis sie zerfällt. Gut verrühren, mit weißem Pfeffer, Essig, etwas Senf, etwas Tomatenmark und 1 Prise Muskat zu einer dicken Paste einkochen.

Champignonchutney

Champignons waschen, vierteln, salzen, 12 Stunden Saft ziehen lassen. Im eigenen Saft dünsten, pürieren, zu dicklicher Paste einkochen. Mit Kräuteressig, edelsüßem Paprika, Salz und Petersilie abschmecken.

Chutneys passen zu vielen Gerichten, auch zu kaltem Braten, Käse oder einfach als Brotaufstrich.

Dattelchutney

Datteln würfeln, in etwas Weißwein dünsten. Feingehackte Zwiebel, edelsüßes Paprikapulver, Salz, Pfeffer, Ingwer und etwas Balsamicoessig zugeben, alles pürieren, nochmals reduzieren lassen.

Orangenchutney

1 Teil Äpfel, 2 Teile Orangen, beides fein gewürfelt. Die Obstwürfel mit etwas Balsamicoessig, Zucker, Ingwer, einer kleinen Handvoll Rosinen, etwas Muskat, 1 Msp Nelkenpulver, 2 EL Orangenmarmelade, einem Schuss Weißwein und wenig Salz verrühren. Über Nacht stehen lassen. Dann unter Rühren aufkochen und abfüllen.

Salz

Oft frage ich mich, warum man für „exotische" Köstlichkeiten viel Geld bezahlen soll, wenn es doch so leicht ist, sie selbst herzustellen. Dabei macht das Ganze auch noch unheimlich Spaß und man heimst viel Anerkennung und inspirierendes Lob für wohlschmeckende Genussideen ein. Die staunenden Blicke von Mann und Kind sind einfach unbezahlbar. An dieser Stelle danke ich meinem Mann, dass er meine Experimentierlust unterstützt und sehr oft der Erste ist, der vertrauensvoll eine neue Kreation testet.

Hier einige Kostproben

Balsamico-Salz

60 ml Balsamicoessig reduzieren, bis noch 4 EL übrig sind und sirupartig werden. 4 EL Fleur de Sol grob hinzufügen und gut verrühren. Auf einem Blech mit Backpapier verteilen und im Backofen bei 130 °C ca. 35 min trocknen. Dabei immer wieder mit der Gabel wenden. Gut verschlossen aufbewahren.

Rauchsalz

Getrocknete Chilischoten

Bärlauchsalz

1 Handvoll Bärlauch in der Mikrowelle oder im Backofen trocknen. Letztere Variante dauert aber etwas länger. Das Kraut dann zerbröseln und mit 250 g Fleur de Sol vermischen. Eine Woche stehen lassen und immer wieder mal schütteln.

Cayennepfeffersalz

2 EL Meersalz,
25 g Cayennepfeffer, gemahlen,
60 ml Weißwein,
100 ml Wasser

Meersalz mit Cayennepfeffer im Mörser zerreiben, dann Weißwein und Wasser in eine Flasche füllen, das Pulver dazugeben, verschließen und ordentlich schütteln. Eine Woche stehen lassen und täglich schütteln. Dann alles in eine große flache Schale geben und im Backofen langsam verdunsten lassen. Die zurück gebliebene Salzschicht abschaben und im Glas luftdicht verschlossen aufbewahren. Etikettieren nicht vergessen!

Chilisalz

250 g Meersalz mit 4 getrockneten Chilischoten im Mörser zerreiben. In ein Glas füllen – fertig.

Chilisalz mit Kreuzkümmel

5-6 getrocknete Chilischoten mit etwas Kreuzkümmel grob mahlen, mit 250 g grobem Meersalz mischen und in eine Gewürzmühle füllen. Bei Bedarf damit würzen.

Hibiskussalz

25 g Hibiskusblüten zerkleinern und mit 100 g Fleur de Sol vermischen. 1-2 Wochen stehen lassen, immer mal schütteln. Dann entweder die Blüten aussieben oder drin lassen. Gut verschlossen aufbewahren.

Knoblauchsalz

10 Löffel Salz mit 8 Zehen halbiertem Knoblauch und 2 EL Reis in ein Glas geben, schließen und durch Schütteln vermengen. 2 Tage stehen lassen, dann durchsieben.

Kräutersalz

100 g Salz mit getrockneten Kräutern (z. B. 2 TL Basilikumblätter, 2 TL Thymian, 1 TL Petersilie, etwas Oregano) gut vermischen.

Kurkumasalz

4 EL Meersalz zusammen mit 85 g Kurkuma im Mörser zerreiben. 240 ml Wein und 500 ml Wasser zu den pulverisierten Gewürzen geben und alles in eine Flasche füllen. Zukorken, gründlich schütteln und eine Woche an einen warmen Platz stellen, immer mal schütteln. Dann alles in eine flache feuerfeste Schale gießen. Im Backofen bei niedriger Temperatur verdampfen lassen. Die Salzschicht abkratzen, wenige Sekunden in die Mikrowelle stellen, dann in ein dunkles verschließbares Glas geben.

Zutaten zum Aromatisieren des Salzes

Pilzsalz

125 g getrocknete Champignons, 200 g getrocknete Steinpilze und 75 g getrocknete Herbsttrompeten fein zerkleinern und mit 300 g Fleur de Sol mischen. Im verschlossenen Glas aufbewahren. Pilzgerichte mit Zuchtpilzen damit verfeinern.

Würzmischungen

Brotgewürz

Je 4 EL Fenchelsamen, Kümmel, Anis und 2 EL Koriander pulverisieren.

Gewürzmischung – Lebkuchen

1 TL Pimentpulver, 1 TL Nelkenpulver, ¾ TL Kardamompulver, 1 ½ TL Ingwerpulver, ¾ TL Muskatnusspulver und 1 Miniprise schwarzen Pfeffer gut vermischen.

Gewürzmischung – Glühwein

Für Glühwein aus 1 l Rotwein:
2 Sternanis, 1 Zimtstange, 5 Nelken, 1 EL Zitronenschalen, 1 EL Orangenschalen, 1 Prise Muskat, 2 Pimentkörner, 1 Msp Anis gut vermischen.

Gewürzmischung – Rotkohl

4 Lorbeerblätter und 6 Gewürznelken pulverisieren und mit ¼ TL Muskatnusspulver mischen.

Brühwürfelersatz

Brühwürfelersatz – Geflügel

600 g Hähnchenbrustfilet,
2 Karotten,
1 kleiner Kohlrabi,
1 Stange Lauch,
Petersilie,
etwas Schnittlauch,
1 Selleriestaude komplett,
je 1 rote und 1 grüne Paprika,
3 Zweige Liebstöckel
350 g grobes Meersalz,
100 ml Weißwein

Gemüse in ganz wenig Wasser zu Mus kochen. Das Hähnchenbrustfilet durch den Wolf drehen oder klein hacken, 30 min in wenig Wasser köcheln lassen, mit Gemüsemus und Meersalz vermischen, Weißwein zufügen und einreduzieren lassen. Püriert in Gläser füllen und einkochen. Wenn kleine Blasen aufsteigen, den Herd nach 10 min ausschalten.

Man kann die Masse natürlich auch trocknen und pulverisieren. Dafür das Mus auf ein mit Backpapier ausgelegtes Blech streichen und ca. 8 bis 10 Stunden bei ungefähr 80 °C Umluft trocknen lassen. Es muss richtig trocken sein. Im Glas mit Bügelverschluss kühl lagern.

Brühwürfelersatz – vegetarisch

300 g Sellerie,
3 Karotten,
1 Zwiebel,
2 Tomaten,
1 mittlere Zucchini,
2 Knoblauchzehen,
2 Lorbeerblätter,
ein wenig Basilikum,
Bohnenkraut,
Salbei,
1 Bund Petersilie,
2 EL Distelöl,
250 g grobes Salz

Gemüse putzen, ganz fein hacken. Kräuter waschen und fein wiegen. Mit Öl und Salz vermischen, 1 TL Pfeffer dazugeben. Mit dem Zauberstab pürieren, dann in Gläser füllen und einkochen. Wenn kleine Blasen aufsteigen, den Herd nach 10 min ausschalten. Die Gläser herausnehmen und auf den Kopf stellen.

Trockenvariante wie bei Brühwürfelersatz – Geflügel.

Dosis: 1 TL Brühpulver auf 1 Tasse Wasser

Suppengemüse: Trocknen im Backofen

Brühpulver fein mahlen

Brühwürfelersatz Rind/Schwein

500 g gutes Hackfleisch,
1 Sellerie,
3 Karotten,
1 Zwiebel,
2 Tomaten,
1 mittlere Zucchini,
2 Knoblauchzehen, Petersilie,
Knoblauch (wer mag),
Lorbeerblatt, Piment,
100 ml Weißwein,
320 g grobes Salz

Das Hackfleisch mit wenig Wasser 10 Minuten ordentlich kochen, die Flüssigkeit reduzieren lassen, bis das Fleisch beginnt anzuschmoren. Vom Feuer nehmen.

Gemüse mit Kräutern und Gewürzen zu Mus kochen, zum Fleisch geben, 100 ml Weißwein zufügen. Auf gelindem Feuer weiter reduzieren und mit 320 g grobem Salz vermischen. Mit dem Zauberstab kurz pürieren. Dann ganz heiß in saubere Gläser füllen und auf den Kopf stellen (Deckelpasteurisation). Trockenvariante vorhergehende Seite.

Suppengemüse – Brühpulver

250 g Lauch,
300 g Karotten,
150 g Sellerie,
200 g Pastinaken,
100 g Petersilie,
150 g Salz,
1 guter TL Pfeffer, etwas Piment,
5 Lorbeerblätter, Knoblauch (wer mag)

Das Suppengemüse mit einer Küchenmaschine zu feinem Mus verarbeiten, Salz, Kräuter und Gewürze zufügen. Das Mus auf ein mit Backpapier ausgelegtes Blech streichen und ca. 8 Stunden bei ungefähr 80 °C Umluft trocknen lassen. Es muss richtig trocken sein. Das Mus in einer Getreidemühle sehr fein mahlen. Das Pulver in einem Glas mit gutem Verschluss kühl lagern.

Suppengemüse

Fertig getrocknetes Pulver

Kräuterwürzpulver

Je 1 kleine Handvoll
Basilikumblätter,
Petersilie,
Eisenkraut,
Pfefferkraut,
Pilzmischung aus Morcheln, Steinpilzen und Herbsttrompeten (oder nur eine Pilzsorte verwenden)

Alle Zutaten klein schneiden und im Backofen schonend trocknen, bis alles staubtrocken ist. Dann zu Pulver im Mörser zerreiben, durchsieben und in ein gut schließendes Gefäß geben.

Deutsche Kapern

Die nicht mehr als erbsengroßen Knospen der Kapuzinerkresse, des Gänseblümchens, die des Scharbockskrautes oder die vom Löwenzahn waschen, trocknen, in kleine Gläser füllen, mit kochendem Gewürzessig (siehe Rezept S. 65) übergießen und fest verschließen. Eine Woche ziehen lassen.

Früher verwendete man auch Sumpfdotterblumen – sie stehen heute auf der Liste der gefährdeten Arten, deshalb Finger weg! Außerdem führt ein allzu reger Genuss zu Erbrechen und Durchfall durch den hohen Gehalt an Anemonin.

Worcestersauce

je 2,5 g schwarzer und spanischer Pfeffer,
1,8 g Ingwerpulver,
1,25 g Nelkenpulver,
3,75 g Piment,
12,5 g Currypulver,
25 g schwarze Senfsamen
25 g Schalotten,
je 25 g Kochsalz und Zucker (Meersalz und Rohrzucker),
125 g Tamarinden,
600 ml Weißweinessig,
300 ml Sherry

Die Gewürze grob zerkleinert in einen Topf geben. Die klein gehackten Schalotten, Kochsalz und Zucker sowie klein gehackte Tamarinden mit Weißweinessig aufkochen. Dann eine gute Stunde leise simmern lassen. Den verdunsteten Weißwein mit Sherry ersetzen, gut verschließen, eine Woche im Dunkeln stehen lassen. Nun abseihen und in Flaschen füllen. Wer es dunkler haben will, kann mit Zuckercouleur nachhelfen (siehe Rezept S. 103).

Tamarindenfrüchte

Balsamicocreme

250 ml Aceto Balsamico oder Balsamico rosso,
250 ml Rotwein,
1 EL Ahornsirup oder Honig,
1 Zweig Rosmarin,
1 größeres Stück Ingwer,
1 Knoblauchzehe,
250 ml roter Trauben- oder Orangensaft

Essig, Rotwein, Honig und Gewürze in einen Topf geben. So lange leise kochen lassen, bis eine sirupartige Konsistenz erreicht ist. Nun den Traubensaft bzw. Orangensaft einrühren, die Gewürze entfernen. Vorsicht, das Ganze brennt schnell an. Nun weiter köcheln lassen. Wenn es anfängt einzudicken, in Gläser füllen und verschließen. Die Creme hält sich im Kühlschrank ca. 4 Wochen.

ANHANG

Käsepresse – selbst gebaut

Materialkosten ca. 7 Euro, Fassungsvermögen über 1 kg

Material

- das Endstück eines Lüftungsrohres mit Filterkappe, Durchmesser 10 cm
- eine graue Verschlusskappe
- eine große ungeöffnete Konservendose und eine Plastiktüte (für jeden Gebrauch eine neue)
- 2 Untersetzer aus biegsamem, noch schneidbarem Plastik
- Für die Verarbeitung:
  wasserfester Stift,
  Schere,
  Maßband,
  Gummiband,
  Bohrmaschine mit 3er Bohrer,
  Schleifzeug,
  Sicherheitsnadel,
  Feuerzeug,
  Stricknadel

Anleitung

1 Zuerst muss die Gaze aus dem Lüftungsrohr entfernt werden. Dazu zieht man Verschluss- und Filterkappe vom Rohr und entnimmt das Gewebe.

2 Anschließend werden die beiden Untersetzer zurecht geschnitten: Als Schablone die Filterkappe mit der schmalen Seite nach unten auf den Untersetzer legen, den Rand mit dem Stift nachzeichnen und ausschneiden. Das Ganze für den zweiten Untersetzer wiederholen. Einer der beiden Untersetzer muss in die Innenseite der Filterkappe passen, deshalb sollten bei ihm ggf. ein paar Millimeter mehr weggeschnitten werden. Exakter kann man mit einem Zirkel arbeiten.

3 Nun auf dem kleineren, an die Filterkappe angepassten Untersetzer in regelmäßigen Abständen Löcher aufzeichnen, die Stricknadel mit dem Feuerzeug erhitzen und damit vorsichtig die Löcher in das Plastik stechen.

4 Die Filterkappe sollte möglichst straff auf dem Rohr sitzen, daher: Beide Seiten testen und die Kappe auf das festere Ende stecken.

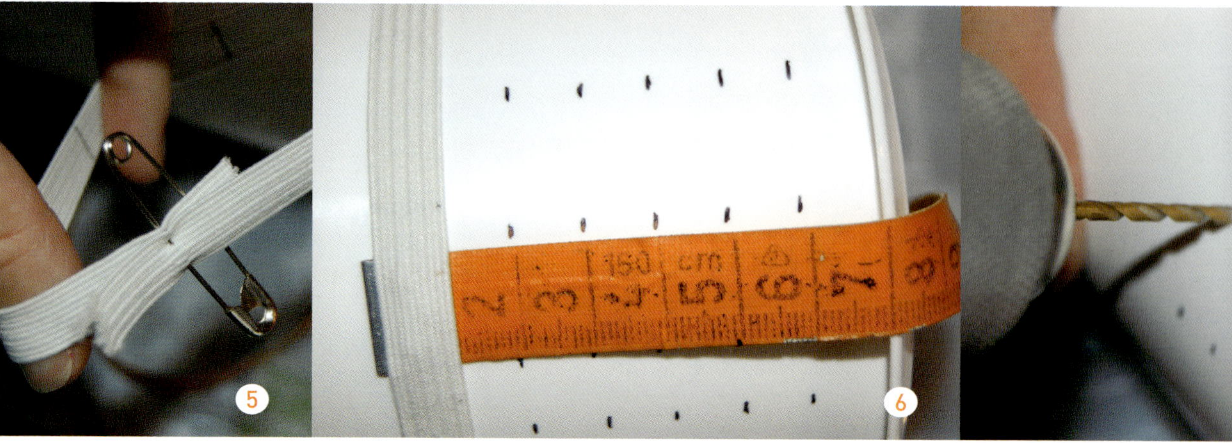

5 Als nächstes müssen Löcher in das Rohrstück gebohrt werden, damit das Käsewasser ablaufen kann. Hierfür ein Stück Gummiband abschneiden, mit der Sicherheitsnadel zum Ring zusammenfassen und das Gummiband auf das Rohr schieben. Der Abstand zwischen Filterkappe und Gummiring sollte rundherum 7 cm betragen.

6 Danach das Maßband unter den Gummiring stecken, sodass zwischen Gummiband und Kappe nach jedem Zentimeter eine Markierung angebracht werden kann. Diese Markierungen rundherum, im Abstand von etwa einer Maßbandbreite anbringen. (Am einfachsten geht es, wenn man das Maßband entlang des Gummibands weiterschiebt, bis die zuvor gemachte Markierung auf der anderen Seite des Maßbandes wieder auftaucht.)

7 Nun das Rohr mit angesteckter Filterkappe vorsichtig in den Schraubstock spannen. Dabei sollte man die Backen des Schraubstocks mit Lappen abpolstern, damit die zukünftige Käsepresse nicht schon bei ihrer Entstehung Schaden nimmt. Die Seite mit der Filterkappe lässt sich etwas straffer spannen. Jetzt darf fleißig gebohrt werden: Aus jeder Markierung wird ein Loch.

8 Um Plastikspäne im Käse zu vermeiden: Alle Löcher säubern und etwas nachschleifen. Aber nur die Löcher, nicht das ganze Rohr! Auch bei den Untersetzern sind eventuell Nacharbeiten von Nöten.

7/8

9 Zu guter Letzt, um die Presse auch später zusammenbauen zu können, muss man Rohr und Endstück gegenüber liegend markieren. Dazu kann man schräg durch den Rand des Endstückes ein Loch bohren, am Rohr kratzen und mit der heißen Stricknadel etwas nacharbeiten. Fertig!

Und so funktioniert es:

1 Filterkappe auf das Rohr stecken, den durchlöcherten Untersetzer einlegen. Anschließend den Käsebruch einfüllen und den unversehrten Untersetzer auflegen.

2 Die Konservendose in einen Gefrierbeutel stecken, so dass der Beutel möglichst wenig Falten wirft. Den Beutel schön ordentlich zusammenfalten, notfalls ein Stück abschneiden. Das Ganze in das Rohr stellen.

3 Dann die Verschlusskappe aufstecken und zusammenschieben. Jetzt wandert die Dose passgenau in das weiße Rohr.

4 Jetzt kann man Hantelscheiben oder ersatzweise einen mit Wasser gefüllten Topf auf die Presse stellen, um den erforderlichen Druck zu erzeugen.

REZEPTVERZEICHNIS

LITERATURVERZEICHNIS

http://www.jade-weser.de/Tierseuchen/SpezielleTierseuchen/Brucellose/tabid/111/Default.aspx

Mannfried Pahlow: Das große Buch der Heilpflanzen. Gesund durch die Heilung der Natur. Augsburg 2001.

Nancy Arrowsmith: Herbarium Magicum – das Buch der heilenden Kräuter. Berlin 2007.

Eva Maria Dreyer: Wildkräuter und ihre giftigen Doppelgänger. Stuttgart 2007.

BEZUGSQUELLEN

Käseformen/Pressformen/Lab
http://ip-ingredients.de/

Alles zum Käse, Mosten, Einkochen
http://www.rink-gmbh.de
http://www.winzereibedarf.de/
http://www.kaesereibedarf-leidinger.com

Gewürze/Senfkörner/Salze/Teemischungen
http://www.herrmann-gewuerze.de
http://www.gewuerzshop-mayer.de !!!

Verpackungen/Gläser/Flaschen aller Art
http://www.glaeserundflaschen.de/
http://www.flaschenland.de
http://www.flaschenbauer.de/ !!!

Chemikalien/Kräuter/Zubehör/ätherische Öle
http://www.dragonspice.de/
http://www.behawe.com/

Tontöpfe/Keramik/Gärtöpfe
http://www.toepferei-koerner.de
http://www.steinzeugshop.de/

Buttermodel/Butterstempel
http://www.butterform.de
http://www.holz-leute.de
http://www.tortissimo.de
http://www.formundgestalt.de
Buttermodel unter Haushaltswaren

Butterkühler
http://www.tonikum-keramik.de/Alltagskeramik/alltagskeramik.html